U0100033

許倬雲

一九三〇年生，江蘇無錫人。著名歷史學家，匹茲堡大學歷史系榮休講座教授，臺灣「中研院」院士。

一九六二年獲芝加哥大學博士學位。先後執教於臺灣大學、匹茲堡大學，受聘為香港中文大學、夏威夷大學、杜克大學、香港科技大學、南京大學講座教授。

一九八六年當選美國人文學社榮譽會士，二〇〇四年獲美國亞洲學會傑出貢獻獎，二〇二〇年獲「全球華人國學大典終身成就獎」，二〇二三年獲「影響世界華人終身成就大獎」。

學術代表作有《西周史》《漢代農業》《求古編》等；另有大眾史學著作《萬古江河》《說中國》《中國文化的精神》等數十種行世，行銷百萬冊。

許倬雲十日談

當今世界的格局與人類未來

白謙慎敬署

許倬雲 講授

馮俊文 整理

責任編輯　　王逸菲

書籍設計　　道　轍

書籍排版　　楊　錄

扉頁題簽　　白謙慎

特約編輯　　陳新華　周芊語

書　　名　　許倬雲十日談：當今世界的格局與人類未來

著　　者　　許倬雲 講授　馮俊文 整理

出　　版　　三聯書店（香港）有限公司
　　　　　　香港北角英皇道 499 號北角工業大廈 20 樓
　　　　　　Joint Publishing (H.K.) Co., Ltd.
　　　　　　20/F., North Point Industrial Building,
　　　　　　499 King's Road, North Point, Hong Kong

香港發行　　香港聯合書刊物流有限公司
　　　　　　香港新界荃灣德士古道 220-248 號 16 樓

印　　刷　　美雅印刷製本有限公司
　　　　　　香港九龍觀塘榮業街 6 號 4 樓 A 室

版　　次　　2024 年 7 月香港第 1 版第 1 次印刷

規　　格　　16 開（167mm × 234 mm）258 面

國際書號　　ISBN 978-962-04-5396-0

有學問的專家不謂不多，但有智慧的大家實在太少，而許先生，就是當今在世的大智者之一。

——許紀霖（歷史學家、華東師大教授）

許倬雲先生以博古通今的學問，關切民族與國民的境遇，思考人類文明的命運。他的洞見、憂思與告誡凝結著非凡的智慧和良知，值得我們每個人傾聽與思索。

——劉擎（政治學者、華東師大教授）

許倬雲先生是當世學問大家，治學嚴謹，而又能以通俗的語言深入淺出，別出一格。老先生飽經憂患，而家國情懷不改，他的話裏悲天憫人的胸懷，令人感佩。

——施展（上海外國語大學教授）

許倬雲先生是當世史學大家，老先生尤其難得有一顆愛普通人、為普通人尋求安頓的心。

——羅翔（中國政法大學教授）

許倬雲先生以他宏闊的國際視野、深厚的史學功力，在歷史和現實的世界中縱橫馳騁。讓人感佩他精深的學問、睿智的見識之餘，也深深地感動於老人家對中國文化深沉的熱愛和對中國未來真切的期待。

——余新忠（南開大學歷史學院教授、醫學社會史專家）

某種程度上來說，歷史既發生在過去，也發生在現在，可能也發生在未來，讀許教授的「十日談」，你會有一種歷史在摺疊的感覺。

——梁冬（正安康健創始人、生命通識學院創辦人）

在這本「十日談」中，許倬雲先生涉及了廣泛的現象與議題，始終持有中西比較的眼光與意識。他以「易」為前提來建立思考，來觀看世界範圍內知識與思想的變化與融合，來使我們將自身的存在歷史化，並由此相信「並不存在歷史決定論，歷史只能永遠追尋、矯正和改進」。

—— 李倫（《十三邀》出品人、騰訊新聞副總編輯）

許先生是當代難得一見的大家，有幸聆聽過許先生的直播課，受益匪淺。這十堂課橫貫古今中西，學識淵博，對當今世界形勢判斷準確，高屋建瓴，讓每一個希望了解國際關係和全球未來的人都有所收穫。

—— 郝景芳（童行學院創始人、科幻作家、第七十四屆雨果獎得主）

疫情猖獗肆虐全球，未來在何方？中美關係急劇惡化，出路在哪裏？穿越古今，橫跨東西，人文科學，激情智慧，「十日談」字字珠璣！

—— 張雙南（中科院高能物理所研究員、中國科學院大學教授）

中國自古不缺智識，缺的是力量。美國代表的西方的力量是顯見的，是被學習的，更是值得被仰視的。許先生的「十日談」，睿智而絕無戾氣，是只有千年史觀和百年人生共一身才可能有的平和，能夠幫助讀書人平視世界。

—— 李菂（中科院國家天文臺研究員、FAST 運行與發展中心首席科學家）

目錄

要有一個遠見，
能超越未見

　　同事告訴我，許倬雲先生的「十日談」課程要出版了，讓我寫序。我說：「這件事我哪敢啊！」夜深人靜的時候想了想——恭敬不如從命，許先生或有深意。

　　我總覺得老一輩文化人身上保留了中國傳統裏許多美好的東西。那些東西說不清道不明，但激勵過我。曾有幸拜訪過幾位臺灣的長者，他們都如許先生一樣讓我崇敬。星雲大師見面時開口第一句話是：「貧僧星雲。」我當時就想：全球有幾十家道場的星雲大和尚還是個「貧僧」啊。在詩人余光中先生家裏受教三個多小時，分別前他問我叫什麼名字。我說叫「文廚」，大詩人說：「噢……你這個名字以前沒有過啊！你叫文廚，我們就在我家的廚房合影留念吧。」沒多久，余先生走了，我淚流滿面。

為什麼高山書院會邀請許先生來講授「十日談」？我們是一個以「科學復興」為使命的學習型組織，為什麼要請一位歷史學家來授課呢？我朦朧地感覺到新冠肺炎疫情當下，我們需要有穿越時空的視角，審視當下自身所處的世界以及未來。許先生不愧為史學大家，知微見著，娓娓道來。主持了十期「十日談」，我被先生的淵博折服，也被先生那份對國家民族的真誠用心感動。

有時候我問自己，什麼叫幸運？做一份自己熱愛的工作，能夠讓許先生這種文化、學術大家的思想照耀自己以及這片土地就是幸運。僅僅是如此嗎？我沒有滿足！即使是許先生，我們還可以為他做些什麼？還有什麼我們可以做的力所能及的事情？近來，高山書院的天文學家帶著我們仰望星空。原來每一顆星星的存在，都是以數億年乃至數十億年為時間尺度來衡量的。我們以幾千年的人類文明的視角來觀照，是不是也顯得太短了？老子說「地法天，天法道，道法自然」，順其自然，自然而然。與廣闊浩渺的宇宙相比，人類幾千年的文明不過須臾，星辰大海也不過須臾，那麼什麼是永恆的呢？

當我們把目光投向浩瀚星辰，探索地外文明，這是一種激動人心的憧憬。當我們選擇內觀，開始研究人類大腦，探索「客觀世界是不是客觀存在的」？我最終選擇了「妥協」，我決定觀照自己，向自己身邊探索。這就是新冠肺炎疫情以來我反覆問自己的問題。「把文章書寫在祖國大地上，讓科學播種在自然山水間」，我嘗試給自己一個安慰。

王國維的《人間詞話》中所說的人生三「境界」令人神往。於我而言，「千山鳥飛絕，萬徑人蹤滅。孤舟蓑笠翁，獨釣寒江雪」，這是一重境界；「問渠那得清如許，為有源頭活水來」，也是一重境界；「採菊東籬下，悠然見南山」，又是一重境界；「寄蜉蝣於天地，渺滄海之一粟」，別又一重境界。

感謝先生的那份用心和情意,「要有一個遠見,能超越未見」,十日之談若能領悟此境界一二,亦足矣!

高山書院創辦人、校長　文廚

2021 年 9 月 1 日於高山書院

混亂之下的世界，
中國能否獨善其身？

我們讀書人讀書不是為學位，讀書不是為地位；讀書是為生命，讀書是為自己求心之所安。

中世紀的歐洲曾經暴發過大瘟疫，意大利作家喬萬尼·薄伽丘的《十日談》就是以大瘟疫作為時代背景創作的。今天我們也在面臨新冠疫情的全球暴發，美國感染人數兩千多萬。恰好又碰上了美國政治上的變化，美國總統特朗普做了許多荒謬的事情。乃至總統選舉結果出來以後，他居然不承認這個結果，還意圖用行政命令延長自己的任期。這個做法荒謬之至。把這兩件事合在一起看，我自己的感想是一句中國老話：「苛政猛於虎。」

美國正在暴發的疫情的影響是世界性的，也是生物性、病理性的，這種蔓延的趨勢不容易制止。但比疫情更嚴重的，是文化性、社會性的集體瘋狂。具體而言，就是野心人士慾望的膨脹和愚昧無知，這二者結合產生了「政治瘟疫」——執政者牢牢抓住權力不放。為了抓住權力，對外發起挑戰，四面樹敵；對內任性胡為，製造不安。特朗普只知緊抓權力不放手，他的行為已經導致國家行政的混亂，甚至影響到全球政治。如此情形的社會性「大瘟疫」，其嚴重性遠比病理性疫情更驚人。

特朗普如此施政是動搖美國國本，嚴重下去將使得世間不再有法律，更嚴重則會破壞美國立國的文化基礎。如果美國政治不再有法律約束，人們也不再珍惜立國的文化基礎，人將何以為人？一個如此的美國，豈非是人類歷史的大悲劇？我們真的沒有想到，這個可怕的現象出現了——美國居然有近一半選民會附和這樣愚昧而盲目衝動的野心家，特朗普居然能得到七八千萬張選票！美國人民居然能夠容忍他，倡

言可以推翻已經執行二百餘年的選舉制度。我們當然可以詬病美國選舉制度的不完備，尚有漏洞。但我們更要檢討的是：號稱法治、民主、自由的美國文化，為什麼在這些高尚的理念之下會出現這一「獨夫」？出現之後舉國人民都無法抵制他的任意妄為？

三百年來，進入美洲的歐洲移民開拓疆土，設計出這一民主自由的政治體制，累積形成為今天的美國文明。這個文明表面看來高樓大廈，富強無比。美國人因此充滿信心，以為天下無事不能做到。為什麼這麼一個社會，這樣一個國家，居然無法預防這樣的野心家出現？為什麼現在的美國要重蹈古羅馬帝國的覆轍？當年的羅馬帝國雄踞歐洲，羅馬軍團兵鋒四出，年年征討掠奪領地，而後統帥大將率軍鎮撫一方。但是這些羅馬兵團和將軍出去以後不再回來，慢慢地將羅馬帝國掏空了。掏空後的結局是，各處來的蠻族進入羅馬帝國，從奴隸進而為農夫，又進而為軍人；羅馬人則以征服者的身份分散在各地。最後，羅馬人自己的本土終於被周圍紛紛進入的「蠻族」侵佔——隨著五六撥蠻夷從南北方向進入歐洲，羅馬帝國滅亡了。這個局面似乎會在今天的美國重演一遍。

二戰結束以後，美國耗盡力氣建設強大的武裝力量，以此實力獨霸全球。與此同時，美國也耗盡財力建成一個以美元為中心的世界經濟體系。可是，趾高氣揚的美國人並不滿足，他們志在長期主宰全世界。特朗普只是出頭露面的代表：他志在以個人威權主宰美國，進而主宰全世界。如此環境之下的世界，哪怕沒有今天的特朗普，早晚會有另一個特朗普出現。慾望推動之下，作為總統的特朗普，他的個人膨脹和美國國家的膨脹是一體的。美國的問題是成功以後個體和國家的膨脹帶來的不斷擴張的野心，這才是我們必須長存警惕之心的地方。中國正處在復興的前夕，對此尤其需要心存警惕。

「十日談」的課程進行了十個星期，我們討論的主體是中國文化問

最終導致羅馬帝國滅亡的，是侵入帝國本土的「蠻族」，這個過程和當下的美國很像。圖為東羅馬帝國第一位蠻族出身的皇帝馬克西米努斯（Gaius Julius Verus Maximinus，173—238）。

題，比較文化研究還並非主要課題。這種情況之下，我們回頭看看「十日談」的記錄就能發現，每一次的討論，實際都以美國和世界其他國家地區正在發生的疫情作為背景。這次的總結談話，希望大家注意到這個大動亂將會帶來的全球性恐慌。在全世界驚慌失措的局面之下，如果我們將世界問題和中國問題合在一起看，中國能不能在世界混亂之中獨善其身呢？中國能不能更進一步，想想如何幫助世界其他民眾，大家共同

締造一個真正和平大同的社會？這個是我所盼望的。當然，這個願望不是短時間能達到的，要花很長久的時間。擔下這任務，完成這任務，是我對中國、對大家的盼望。

我這一生，生在中國，長在外國。我接受的學校教育前半段在中國臺灣，後半段在美國。我的研究生涯幾乎有三分之二在美國，三分之一在中國臺灣。看上去我的生活是流離失所，但也因為這種「流離失所」，我對各個地方都有一些自己看出來的問題。我願意跟大家一起討論，讓大家指出我所討論、想要提出的問題其困難的關鍵點究竟在哪裏？當下問題的根源在哪裏？我們應如何避免許多盲點，使中國開拓出一條康莊大道，一步步實現真正的日新月異，讓人類關懷逐漸提升到一個新境界？

我想提出一些過去沒討論過的課題，那就是地理環境、人群結構、經濟歷史以及群體互相接觸時彼此採取的態度。這些是歷史上的人類從小社群、一個個家庭親屬集團或共同生活的集團，逐步走向世界大同的過程。每一個國家或族群，在歷史上都有過一定的階段和經歷。階段不一樣，類似的事情也不一定以同樣的方式出現，也不一定會以同一個方式去處理。但世界永遠處在變動狀態之下，如《易經》所說，「變」是唯一不變的真相。所謂「易」和「不易」，「易」就是變動，「不易」就是不會改變……這個世界上，唯一不會改變的事實就是我們經常不得不改變。我們唯有以這個預設的條件為前提，才能夠不斷考量「世界永遠不變化」的「教條」。世界上重要的宗教，沒有一個不是經過一次次改革，才發展而成其面貌；任何論述體系，都需要因時、因地的修正，才能適用於當時當地人心的需求，解答當時當地人所面臨的疑惑。

「文化」是一系列的理念。你可以稱其為智慧，而智慧建立在知識之上。我們如何處理知識，從知識提升為智慧？如何將個人認識轉換為

集體的智慧？這一過程是很重要的工作。我們不能單單以考試、學位或是學術文章發表的次數，作為求知過程的指標。學術成就是文化成就的總成績單，文化成就的總成績單表現在社會是否安定、老百姓生活是否舒暢；也表現在整個社會是否有秩序、是否有不斷修正與改變的過程、是否有舒暢開展的機會，走向共同社會的過程中是衝突還是協調……凡此，都是一步步走來，很多情況是歷史條件造成的。歷史條件是由地理環境造成的，地球環境使得人類生存環境不同，進而發展出各自不同的面貌和文化。而在全球化的今天，環境對人類的影響已經越來越小，也造成今天乃至未來建構人類社會的條件和因緣。中國古語說「和而不同」，「和」又該如何辦？是鬆散的「和」還是比較緊密的「和」？是同一個文化中心的「和」，還是不同文化元素協調之下的「和」？凡此都是永遠不能完全得到答案的命題，卻需要我們不斷地追尋、檢討，學術研究就是不斷給自己找問題。

此外，「文化」和「文明」其實是兩個不同的概念。文化，我認為是一種行為，行為準則驅策我們形成如何選擇選項、如何處理事務的理念。凡此行為表示的文化，總結在一起，超越提升為一個系統，這就是文明。文明演變成一整套理論體系，當達到一定水平後我稱之為「結晶化」（crystallization）。碳離子變成水晶、鑽石以後，質地堅硬不可再分割，如同佛經所說的「金剛不壞」。因此，文化一旦演變到文明的高度，就不再能改變、調適自己──成了一個「終結了的」文明。我不希望人類文明走到終結的地步，我盼望人類文化能不斷進步，永遠能夠自我修整，以求得更適合的道路。《易經》乾卦說「天行健，君子以自強不息」，講的就是如此境界。

「Culture」是文化，「Civilization」是文明。以宗教而言，信仰這個大原則在出現的時候是文化；結成為一個教會、教派，出現教主、形成

思想體系的時候，這一系統即是文明。文明就是「已完成」的系統，「完成」亦即「定格」，這一定格的系統就不能再改變了。

我盼望在「求知」這個行業裏的同仁永遠記得：我們追求的是知識，但知識提升更高層次才是智慧。僅憑個人的智慧是不夠的，許多人的智慧合在一起才能構成文化的潮流。在文化潮流的進展中，還要讓它永遠開放、不斷修改，而非走到盡頭、走向終點站。到終點站的時候就是我們下車的時候。人類文明這輛列車要繼續往前走，必須要保持文化的動力。這就需要國家提供開放的環境，能夠擁有自由的胸懷，持有對己誠實的態度，這些是學術界必須信守的原則。在這些原則上我們共同努力，將我們個人所知、所能貢獻給大家，經歷綜合、比較、推演，做進一步的尋找和研究。這樣我們才能使知識引導我們的生活，以生活引導我們的生命。我們讀書人讀書不是為學位、不是為地位；讀書是為生命，是為自己「求心之所安」。我們今天談到這裏，希望不太久之後，我們有機會再聚。

今天的發言是在病房裏面，這是醫院幫助我在家設置的病房。鏡頭前這個是電動吊兜，把我從輪椅升到床上，從床上提回到輪椅。我自己不能動，要靠機器幫忙。在這種情況下，我與各位共同努力的時間不會太長久了。當然，每一句話都出自我的誠心。我盼望此時此地走這一遭，有機會與大家說這些話，使大家心裏激動一點，本來平靜無波的心裏可以起個漣漪。小波浪可以造成大的潮流，推動大家不斷地進步。「天行健，君子以自強不息」，只有不息的自強，才是真正的健康和健全。

以此共勉，謝謝各位。

夏志宏，高山書院教務長、校董，美國西北大學終身教授，著名數學家

夏志宏：中美這一段時間的衝突的核心是什麼？是利益衝突、文化衝突，還是種族衝突？

許倬雲：中美之間的衝突是文化之間的不協調，並不是文化衝突。東方文化沒有辦法反映到西方去，對西方沒有衝擊，或者衝擊非常薄弱；而西方文化對中國的衝擊極為強烈。所以我才說這不是文化之間的衝突，而是文化間的不協調。因為不協調，導致許多地方亂七八糟。我唸書向來不只唸書本上的知識。我是在戰亂裏面長大的，戰爭的烙印、苦難中的憂慮，從五六歲、七八歲就開始融入我的血液。我向來就能看得出，老百姓包括我自己面臨什麼樣的恐懼、什麼樣的憂愁。因為身體不良於行，又遭逢戰亂，我小時候沒有在學校讀過書，十五歲前都是在家自修，當然也會接受兄姐的指點及父親的教導。大師們讀書，傳承的是先賢的教訓。而我更多的是從老百姓的角度去看待這個世界，理解我們的時代。作為一個老百姓，我要的是太平日子，和和平平、舒舒散散，一家人安安樂樂地過小日子。我希望的是過這種太平日子，但是過不了，反而是不停地逃難，跑個不休。過日子的糾結在哪裏？逃生的問題在哪裏？

所以我唸書從來就不是在書本上唸，而是在人的生活裏看普通人的生活，看他們生命裏遭遇何種困難。從這個方向來想，最後歸結到民族文化與個體生命的關係。民族的文化追溯源流，是上層的文化下達到民間，又普及成為中國文化的特色。我覺得這個是中國人的安身立命之所，這個安身立命的地方在大社會、小社會，層層圈圈都有體現。它形成的天然網絡、人間網絡、交通網絡、人事關係網絡和地緣網絡等重疊在一起，互相影響、互相交流、互相干擾，綜合起來變成一呼對一應。所以，我才感覺到人間的生活是互動的：大圈和小圈的互動，人與群體的互動，自然與人間的互動，過去與現在的互動，現在和未來的互動。

　　中國的這一套東西為什麼對中國有意義，而對西方沒法有同樣的意義呢？因為西方有基督教。歐洲不管是東正教也罷，天主教也罷，新教也罷，甚至是猶太教，上帝和人之間的關係是一切網絡的歸處。個人無法挑戰上帝，而只能單方面接受祂的安慰或祂的懲罰。在中國文化中，"人心"就是"上帝"，人心的主動選擇決定了一個人觀察社會事物的視角。許多人的心合在一起就是眾人之心，就是支配你、呼喚你、抑制你、鼓勵你的力量。

　　我常常思考：為何中國傳說中開天闢地的人會是盤古？盤古是傳說中的巨人，他的頭和眼睛變成了日月，身體變成了大地，皮膚毛髮變成了樹木，但他的靈魂遍及全天下、全宇宙。所以，中國的上帝就是創世紀的盤古，而創世紀的盤古就是你我的心。我能理解為什麼後來一直到董仲舒都強調「天人感應」，一套一套的全都是感應學說。凡此感應裏面中國人始終認為一切都是變化的，而唯一不變的是"變化"本身。人要習慣於變，而非習慣於既定的、固定的政策，或者權威的論斷，或者歷史的命運。每一刻歷史都在轉

變，每一刻歷史的轉變都影響著我們自己，我們必須呼應轉變。

人一直在扮演，一方面是"我"，一方面是"眾人之心"。上帝在我心裏，我的信仰也在眾人心裏——一定要體會到個體與眾人的關係。孔子講，修身修己到一定地步就要去照顧別人——安人、安民、安百姓。「百姓」是群體的組合，一百個姓氏、一百個國家、一百個大單位，「一百」是多數的意思。安民、安百姓，孔子說連聖人都難做到，但它是需要一代代人不斷努力的目標。《禮記》裏面的「大同世界」連聖人都沒有做到，這個目標始終懸在那裏。中國人未來的理想、目標同樣如此，「大同世界」是要走的方向而非已經實現的成果，沒有終點在那裏等你一腳跨進去。這與道教、佛教不同。在道教、佛教中，可以說到一定地步就成了仙、成了佛，連孫悟空都成了鬥戰勝佛。但孫悟空一變成鬥戰勝佛，就沒有了戰鬥精神，就變成統治階層。所以說，孫悟空只能活在孫悟空的時代——變成鬥戰勝佛，他就活不出孫悟空的樣子。理想境界對我們來說是永遠要到而到不了的境界。永遠要有更進一步的可能性，永遠要有糾正錯誤的可能性。並不存在不可改的歷史命運，也不存在歷史決定論。歷史只能永遠追尋、矯正和改進。

李倫，《十三邀》出品人，騰訊新聞副總編輯

李倫：當前的形勢和人類歷史上的哪個階段或者時刻是比較相近的？我們從歷史中能學到什麼？

許倬雲：這個階段很難對比。可能當今的時代相當於中國的戰國時期、希臘的城邦時期，也相當於十六七世紀民族國家要代替神聖羅

馬帝國的時期。神聖羅馬帝國與現在的聯合國一樣，其中各種民族、國家在歐洲競爭，要競爭出一個秩序來。最終競爭出的秩序不是建立一個統一國家，而是出現一個霸主。秦始皇統一中國是戰爭的結果。但在秦始皇完成統一以前，周圍幫助他打天下的策略家、將軍、文士來自各諸侯國，許多都是別國來的客卿。「逐客令」就是為了驅逐這些外來的客卿而發佈的政令——如果把這些客卿都逐走了，也許就沒有可能建立統一國家了。

現在特朗普忘了這一點，他要把外國留學生都趕走，就相當於中國古代的「逐客令」。留學生都被趕走，美國就完了。美國的主要棟樑，支撐框架的大學者，最開始以歐洲來的學者為主，後來東方來的亞裔陸續介入。美國沒有愛因斯坦，就發明不了原子彈；沒有楊振寧，就沒有引進量子力學的可能；沒有丘成桐，就無法引進新的數學。

世界上能幹的、有眼界的國家能接納各處的長處，包容各處的優秀人才——各處都能接受大原則，容忍小原則的差異，這才是天下秩序。

葛岩，上海交通大學媒體與傳播學院特聘教授

葛岩：薄伽丘寫《十日談》期間也是在躲避疫情，最後這部作品被當作文藝復興時代個性、理性崛起，挑戰中世紀對人性壓抑的象徵性的代表。今天您也在疫情的時候作「十日談」，您怎麼理解《十日談》這本書的？

許倬雲：《十日談》裏講的故事，有人認為是歐洲的近代文學的開

始，有一點像異域的奇怪的風俗談，是關於異域環境、文化的介紹，所以裏面談論印度、談論中國的部分特別多。《十日談》中也有講到東方沒有而西方有問題的地方，比如男女兩性之間的問題。性慾和性作為上帝制定的亞當夏娃之間的關係，這中間有衝突，不然怎麼會有強姦？強姦的問題怎麼來的？這裏面也有討論西方文明空白之處如何填補的問題。

我對《十日談》這本書的解釋是，書中收集了一些當時的大家在憂患困苦之下質問自己、反省自己的問題的記錄。比如我們的世界有問題，問題在哪裏？東方世界的問題在哪裏？薄伽丘對東方有時候美化，有時候誤解，兩種態度都有。三十年前，在我還年輕的時候，我常常問我的父兄輩：西方現代文明怎麼看待世界的問題？後來，我明白了——師長父兄這一輩人，並沒有解決世界面臨的問題，西方並沒有法寶。我在臺灣大學教書的時候，有個教授老問我：「西方學術的理論怎麼樣？」我說：「沒有理論。學術就是學術，只有意見。」西方學術的許多意見並不一定是全通的，他有他的意見，我有我的意見；他有他的困難，我有我的困難。中國到現在才開始有信心與別的文化進行比較。我最近出的書，基本都或直白或隱晦地包含了東方和西方的比較。《許倬雲說美國》雖然說的是美國的歷史，其實就是拿東方和西方彼此比較、觀察美國社會的問題何在。

高豐，高山書院 2018 級學員，峰尚資本管理合夥人

高豐：東方文化自身是包容的，但今天卻又不是被西方接受的。對於如何更好地融合東西文化，您有什麼建議嗎？

許倬雲：我想，要實現東西文化的融合並不困難。上帝在西方的獨斷是體現在自身的情緒方面，理論方面誰都知道上帝是空的。西方人獨斷的情緒還在，把這個情緒抹掉就可以交流了。中國文化裏的大同世界，每個人都有參與的資格，每個人都有發言的身份。中國本身不要自大或者自暴自棄，也不要說我們如何優秀，甚至不要說中國有優秀的血統。中國千萬不要以自大的方式來對外，尤其是誇大的自豪。要有理性的寬容，有耐心的說明，反覆強調自己是共存共融、互惠互補的文化。

世界經濟已經到了誰也離不開誰的局面，不可能逆流而行，大家再關起門過日子。希望中國願意和大家一起做，願意合作協調，各盡其能，各取所需，誰也不能佔便宜。中國做帶頭羊，但不做「唯一的」帶頭羊，可以做幾個帶頭羊裏面的一個。中國有自己的負擔，有十幾億人口要餵飽肚子，這不是小事情。盼望中國不要自大，不要回到當年大帝國的時代，不要走到獨自領導世界的地步。世界真正的好領袖，不管是街坊裏面的小混混頭兒，或者大帝國、大國家的總統，都不要忘記做頭頭的人是必須準備吃虧的人。

羅家倫先生曾對我講，做頭馬最累。頭馬帶其他馬去水草豐密的地方，有照顧群體的責任和義務。白天，別的馬吃草，頭馬巡視四周，觀察有沒有災害、有沒有困難、有沒有危險；晚上，別的馬睡覺，頭馬還必須得每過一小時，起來轉圈巡查。頭馬最苦最累，願意做頭馬是願意承擔責任。願意做頭馬不是享受權利，需要盡義務。中國也不能說「我要做頭馬，因為我配做」。

做頭馬要付出代價，要比別人累、比別人苦，得任勞任怨。個人如此，國家如此；個人如此，民族如此；個人如此，社會如此。都是這樣的。

疫情恐慌下的人類社會

也許新冠疫情的發生，
助長了這個時代已經存在的長期不安。

自從秦始皇實現大一統以後，歷朝歷代的中國政府對於瘟疫的記錄幾乎是常態，地方長官對於戰爭以及隨之發生的大型災害一定會記下來。可真正大規模暴發的瘟疫，記載比較多的是在公元二世紀後半段——大約公元 170 年一直到公元 220 年這半個世紀。這段時期的中國幾乎是瘟疫不斷。

中國歷史上的三次大瘟疫

　　東漢末年，發生瘟疫的最大的地區是豫州、青州、徐州。這是當年的東漢政權的核心區域，整個中原地帶的東半邊。這一區域在東漢時期人口最繁密，農業非常發達，居住的環境相當擁擠。而且有個問題是常常發生水災。如果黃河、淮河暴發水災，有些地區一年裏面就會有半年時間浸泡在水中。這種浸水的地方，就是培養細菌最好的環境。因為潮濕的關係，當地年年都會發生疾病。

　　這一段時間內，有更重要的事情，是中國的「醫聖」張仲景出現了。他是河南南陽人，家裏是有兩百多人的大族，瘟疫以後死了三分之二。所以他結合自己臨床治病的經驗研究瘟疫，寫了一本醫書叫《傷寒雜病論》。這本書是具體地、實證地從自己看病的經驗，對疾病症狀分類、分析，並提出診療方案。這一段時間，中原地區死亡率很高：當時

張仲景的《傷寒雜病論》，是切實地從自己看病的經驗總結，對疾病做分類、分析，並提出診療方案。這本著作對後世影響深遠，仲景也因此被尊為「醫聖」。圖為《傷寒論註》清乾隆刻本。

全中國人口大概有五千萬上下，在瘟疫大規模暴發的區域大概有兩三千萬人口，那是人口最集中的地區。假如按照張仲景家族損失三分之二人口的比例來推算，這就相當可怕了。而且這種瘟疫是連年不斷的，來年甚至連續幾年都發生。

城市裏面發生瘟疫的情況，與農村幾乎是一樣嚴重。農村可能是因為醫藥環境差一點，但是面對瘟疫，城市裏的人也並無有效的辦法應對。比如說歷史上的「建安七子」，是當時有名的七個文學家，其中有五個死於傳染病，可以想象其嚴重了……這是公元 217 年發生的事情。

這段時間北方發生如此大規模的瘟疫，對中國造成了很大的影響，受影響最大的是農村。在中國還是農業國家的時代，精耕細作的農業一方面取決於土地面積，一方面取決於勞動力。假如一個家裏有三個勞動力，兩個大一個小，有一兩個人在瘟疫中去世，這一家的生產力就等於完了。瘟疫暴發的中原一帶財富總量佔全國三分之一上下，如果這一帶整個的農業生產規模不夠，那麼就一定導致整個國家的經濟狀態衰退。瘟疫暴發影響農業生產的後果就是饑民激增，然後這些饑民投向流寇，投向各地地方武力，他們正好提供了三國時代群雄爭霸的兵員。而且戰

爭本身也會導致瘟疫產生，因為軍隊傷亡而產生的許多死者堆著沒人處理，也導致細菌繁殖。

所以瘟疫的後果，第一是它會使瘟疫集聚發生地的人口快速減少，經濟生產力弱了，社會秩序亂了；第二是瘟疫中孳生的細菌會繼續繁殖，甚至擴散到各處去。東漢末年的這次災害，將整個漢代的統一局面拉垮了。

大規模瘟疫以後，尤其是連續多年的瘟疫，會形成一個混亂不安的局面：瘟疫、疾病、死亡。瘟疫導致大規模的人口死亡，死亡產生的屍首不能處理，病情沒法處理，進而形成更大規模的惡性循環。這會導致人類的生存環境惡化，它可以造成五六十年甚至一二百年的長期影響。

東漢結束以後是魏晉時期的「五胡亂華」。等到南北朝以後，中國國內族群的分佈已經與漢朝大不一樣了。少數民族進入中國，融入中國的大熔爐之中。他們慢慢漢化，在中國落戶生根。隋朝的人口，以他們的本質基因而論，已經和漢晉時的人口大不相同。這種變化之所以發生，最大的原因就是嚴重的瘟疫。

除了這一次導致東漢帝國解體的大瘟疫，中國歷史上還暴發過另外兩次很嚴重的瘟疫。其中一次發生在元朝。成吉思汗從東北進攻金國，一路向西狂飆，建立了一個世界上最強大、領土最廣闊的蒙古大帝國。從上都到歐洲這條路上，蒙古帝國的驛道陸續不斷，商旅絡繹不絕。蒙古人的海上力量也延伸得很遠，當時的阿拉伯國家和印度以及中國南部的商人都投入到海上的活動裏，港口之間船隻來往不斷。

這些來往不斷的船隻、商旅，使得十四世紀在歐洲暴發的黑死病蔓延為全球性瘟疫，從歐洲一直影響到中國。這次黑死病影響之大，甚至使歐洲的地圖都因此產生了極大的改變。瘟疫導致歐洲人力不足，逐漸形成以機器生產來代替人力勞動的趨勢。

這場蒙古時代的大瘟疫，從十五世紀一直延續到十六世紀。因為蒙古大帝國的存在，東西方之間的距離拉得很近。這個時候的黑死病是非常嚴重的疾病，在每個地方都造成了極大的傷害，中國就有黑死病的出現。一直到明朝初年，蒙古帝國時期黑死病的影響還沒完全消除。明末，海上的往來貿易又把西方的黑死病帶到中國的東南和華南，尤其是華南地區。

上面講的是幾次重大的災害對中國歷史造成的影響。對全世界而言，大的瘟疫或大的流行病傳播，簡直可以排成一串：黑死病、瘧疾、天花、傷寒等，種類繁多不及備載。到最近這些年，禽流感、新冠病毒，這一系列的東西都是在國際貿易流通的背景下發生，使全球蒙受其害。

就黑死病而言，沙漠裏面的老鼠攜帶病菌，沙漠商隊走過，老鼠就將其傳播到人身上。商隊隨著貿易往來把黑死病的病菌傳到各處，海路上的情況亦復如此。黑死病若是在船上暴發，一條船進入歐洲港口時可能已經空空如也——船員都已死絕，成了鬼船。

黑死病以及其他類似疾病在近世以來造成的影響，不僅塑造了歐洲的面貌，也塑造了全球的面貌。假如沒有海道上那麼多的來往，那麼多人攜帶的傳染病，美洲不會被白人全面佔領。白人進入美洲以後帶來天花以及性病——尤其是天花（天花在別處不會嚴重到這種地步），美洲的印第安人對其沒有免疫力，於是印第安人口從三五千萬減少到現在的三四百萬。這裏面有一部分人是死於戰爭，更多的還是白人帶來的病菌導致的大規模人口死亡。這是一個改造世界面貌的大事件，對此後的世界也產生了深遠的影響。

其實，海路上受影響的不僅是美洲，許多島國和沿海的口岸都感染了病毒，有些地方的老百姓幾乎滅種。比如西班牙人進入了美洲加勒比海，加勒比海當地的原住民就幾乎全死光了，這個也是全球性的影響。

黑死病以及其他類似疾病在近世以來造成的影響，不僅塑造了歐洲的面貌，也塑造了全球的面貌。圖為描繪中世紀歐洲黑死病的版畫。

麥克尼爾（William Hardy McNeill，1917—2016），芝加哥大學教授，曾任美國歷史學會主席、美國世界史學會主席，代表作有《西方的興起》《瘟疫與人》等。

芝加哥大學教授麥克尼爾（William Hardy McNeill）專門研究疾病，到後來也研究海陸交通上的疾病。他以為火藥、疾疫、商品構成了近代世界，就是因為在海上通道，這些事情都發生了。

對中國而言，明末的瘟疫也是從歐洲傳過來的黑死病，由南部港口進入。這次瘟疫發生的時候，歐洲的思想經過葡萄牙的傳教士也被帶進了中國。但中國沒有真正領受、欣賞到西方新的思想的好處，也沒有意識到西方人對自己的挑戰也可以是好的事情。這些人離開了，明朝政府就忘了他們所傳播過來的知識、思想。面對外來思想和文明，明朝為何沒能做出正確的反應？這裏面緣故很多，大家知道明朝的獨佔性與專制獨裁，使他們不主張、不喜歡臣下挑戰國家權威以及對皇權進行批判。這種獨裁統治使得新的思想無法進入，這是緣故之一。

另外一個原因是在沿海地帶黑死病鬧得很兇，有很多人還感染瘧疾、血吸蟲病等等——如此也就意味著，政府沒有辦法使全國人民安定。政府控制瘟疫的方法是燒掉因病毒致死者的屍體，結果在國內造成了大規模的內亂。最後導致李自成從陝北帶著部隊一路打到北京城，明政府軍隊幾乎沒有抵抗力。這一時期的中國遭受了極大的瘟疫，經濟和生產力都遭到極大的破壞。後面入關的滿族人，他們沒有受到疾病的影響。滿族人驅使著中國北方的老百姓以及明政府投降的軍隊南下，大批的南方軍隊無力抵抗。這是影響中國歷史的一個重大事件。

瘟疫發生的時空特性

現在我們要對幾種瘟疫，及其所在的地域地理特性再加以討論。中國及世界當前面臨的瘟疫有兩種來源。有一種是濕性的，就是水裏邊的

病菌寄生、滋長，同時經過飲用水侵入人體。沙門菌寄生在水裏面，滋長到了一定地步，就會侵入人體造成無法挽救的疾病。而瘧疾是靠蚊蟲作為媒介來傳播病毒，蚊蟲的寄生地就是那些潮濕的地方。所以現在我們看傷寒、瘧疾、痢疾還有其他的類似病，在中國本土就很容易發生。

中國的淮水以南基本上都有氣候潮濕的問題，而且有眾多湖泊、河流和山林。山林裏面林深樹密，也非常潮濕。這一帶還存在南方特有的血吸蟲病，有的人在水裏工作，血吸蟲經其皮膚進入人體。還有麻風病，也是在溫帶比較潮濕、帶水的地方多發。我們看中國的大部分疆域，從中原以南都是這一類的自然條件。這種情況下病菌很容易存活，在農村地區更容易廣泛傳播。

幾千年來中國長期以農為本，所以一直到近代，中國的居民百分之八九十還是生活在農村裏邊。農村生活的問題是，首先居住環境需要靠近水，灌溉用水、飲用水都要從河流、湖泊裏面獲取。在南方農村的水田裏面，水長期蓄積在那裏，不會因為蒸發變乾。這種環境對於細菌的滋生是非常理想的。同樣，有草有水的地方蚊子就多。樹林子裏邊或潮濕的地方有瘴氣，容易感染瘧疾也是這個道理。我們最早看到的瘟疫，大概都是屬於這一類情況，與溫暖、潮濕的環境有關係。尤其從漢朝以後，往往是中原到海邊會廣泛地發生瘟疫。

瘟疫發生以後，因為瘟疫出現的人口大規模的死亡不斷發生。到一定地步，一個個村莊的人就消失了。逃荒的人從疫區逃出去，帶著病菌一路跑。因為他的排泄、飲食種種留下病菌在當地的環境中，尤其是水中。所以病毒的傳播範圍，往往與水的流向有相當大的關係；此外，還與沿著大路的人口流動有關係。瘟疫往往在東西方向流通得很快，沿南北方向則更容易發生變異。像漢末流行的這種傷寒瘟疫，它是在中原一帶變異出的。

還有一種瘟疫——鼠疫，也是全球大規模暴發的災害。沙漠裏面的老鼠是傳播鼠疫病毒的動物，這種瘟疫通常發生在乾旱的地方。如果有大批的商隊經過，感染鼠疫病毒後，他們就變成了病毒的傳播渠道。病毒隨商隊以東西向在絲綢之路上來回流轉，或者跟著大軍作戰和大部落的移動傳播。

　　瘟疫的傳播途徑還有一條，就是海港。沿海路從中國南部、東南部進來了以後，病毒就跟著人口本來就密集的商路和港口傳播，而且速度很快。瘟疫造成人口大量的死亡，生者大規模的外逃。活人逃亡、死者未葬，造成了偏遠地區的衛生環境進一步惡化，因為屍首、病人暴露在外，病源就很容易留下來。

　　靖康之變以後一百年間，從金人侵入到蒙古人奪得金人的首都，一直到蒙古軍隊征服南方又征服西邊，瘟疫的傳播，也同蒙古大軍、宋朝抵抗軍隊的移動都有關係。軍隊的移動本身很快，很多士兵不是死在疆場上，而是死在病床上。往往一萬人出去，不多久都死光了。這個耗損相當巨大，留下的災害更長久，因為病菌也留下來了。整體而言，十三世紀遼金元幾次與宋朝的衝突，尤其是蒙古的東西征討對中原乾旱地區的瘟疫傳播起到了推波助瀾的作用。連蒙古大汗蒙哥都因為感染瘟疫死於軍中。當時軍隊裏的死亡率實際上非常驚人，往往達到了 90%，甚至更多。蒙古大軍攻打四川的時候，四川人口減少了 90%。進攻者和本土居民雙方都產生了如此重大的傷亡，這是戰爭跟瘟疫共生造成的。

　　傷寒和鼠疫這兩種形態的瘟疫，一個是在本土形成的，主要沿南北方向傳播；一個是外來的，主要是沿東西方向傳播。一個誕生於潮濕地區的髒水裏、藉由蚊蟲傳播；一個依賴於乾旱地區的動物——沙漠裏面的老鼠作為傳播源。這兩種瘟疫產生的影響都曠日持久。一百多年間同一種瘟疫反覆不斷，實際上是一個病源的擴散和延續。

國家之間的戰爭、國家內部政權的轉換，都伴隨著征服戰爭與武裝衝突，這裏面因為疾病產生的傷亡往往多於戰爭。可以說，瘟疫從一開始出現就具有其社會性和政治性。社會性是因為疾病的暴發，人類原來的聚落可能完全被掀翻；政治性是國家本來穩定的秩序因為瘟疫可以整個被倒過來，甚至導致滅國。

遼金元一連串的少數民族進入中原，到最後成立了大的蒙古帝國。為什麼蒙古帝國不能夠在南方長期生存下去？蒙古軍隊本身因為戰爭和瘟疫損耗巨大，到後來只能勉強在北邊維持北元政權而已。到了明朝，南北的瘟疫混合在一起，連成大片大片的疫區。蒙古從中原退出去，與此也有關係。蒙古人一路在北方感染了很多瘟疫，覺得無法抵抗朱元璋的部隊；又因瘟疫傳播的緣故，對於北方來的仇人、敵人，南方人更是堅決不讓他們進來。元朝末年整個中國的二元制國體，就是南北對立的國體和瘟疫割裂下的國體。

疫情的暴發，助長了時代的長期不安

除了政治社會層面，我們再回到另外一個問題：疾病對於個體生命究竟還有什麼其他影響？我個人覺得，有一個影響就是疾病導致的長時間的恐懼、驚慌和不安寧，使人們的生活作息受到了影響。很多人離開家逃亡，逃到安全區域甚至山裏邊去。這種不安定、親友故舊連連死亡的消息，以及滿城都是棺槨的那種慘狀，使大家對於自己正在參與建立的世界，難免產生懷疑：「是不是有另外一個方式來組織人類的社會？能否在這種大災難之中尋找到未來發展的蹤跡？」具有信仰的人會真誠地告訴別人說：「你相信的事情不夠用了。」東漢末年是佛教輸入中國

最集中的時候。

　　蒙古時代遷入中國最多的是信奉伊斯蘭教的人口，隨之而來的還有樸素的「再生」觀念。所以到後來基督教進入，就很容易在北方被接受。元明兩代，中國民間宗教發生了重大的變化。最大的後果就是明教及其以後的白蓮教在民間扎根，秉持這種信仰的人為數眾多。今天中國民間宗教信仰裏面，有很大一部分是當年明教信仰的遺存。這種思想不斷在尋找新的影響，尋找新的安身立命之所。來自民間的信仰塑造了他們所屬的底層文化，這種文化與上層截然不同。

　　這次全球性的大疫情，美國國內的情況我可以預料——在這段時期，宗教活動一定會加強。也許是屬靈教派有更大的影響，也許是有其他新的宗教傳入民間。這都是經濟因素以外的底層變化。當然最大的一個問題是，老百姓如果對政府不信任，就會造成內亂、產生推翻政府的想法，這個後果就是革命和改朝換代。所以瘟疫造成了思想上極大的衝擊，而不僅是經濟上極大的衝擊。

　　我們目前正身處大型疫情的打擊之中，其全球性的廣泛傳播出乎意料。全世界各地對疫情控制管束的能力水平不一。最令人詫異的是，本來應該最有效率的美國表現得最差，幾乎到了手忙腳亂的地步。美國擁有的醫藥資源、衛生條件，都不應該造成這麼大的災害。也許這個疫情的發生，助長了這個時代原本存在的長期不安。

　　二戰以後到現在，美國人悄悄地在發生轉變。有一部分人檢討自己國內的情況，對內部制度、對外關係都有做檢討做反思；有一些人遇到災害則不是採用這樣的方式。比如特朗普總統，行為魯莽，做事囂張。他把美國原有的管理機制打翻了，打翻以後我們沒法再很順利地重建人和人之間、政府與人民之間的信心，這個是極大的人為災害。

問道

許先生

薛瀾，高山書院校董會主席，清華大學蘇世民書院院長

薛瀾：從一個歷史學家的角度看，新冠疫情對人類社會的教訓是什麼？對中華民族的教訓是什麼？

許倬雲：此次疫情在全球幾乎同步發生，這在人類歷史上是第一次。以前常常是甲地已經死了幾十萬人，乙地的人還不知道消息，並沒有感覺到死亡疾病的威脅。

這次疫情一暴發，全世界幾乎立刻被告知有大的疫情正在流行。而且中國武漢地區史無前例地採取封城措施，一千多萬人口被封閉在城市裏面，以此隔絕瘟疫、減少損害，進而控制災區內部局面，設法治療感染者。

這種針對疫情的大規模治療過去就有。而幾乎在瘟疫暴發的開始，政府馬上就組織人力、資源進行大規模的治療。若非中國多少年來積累的對數億人口的治理經驗，很難立刻就對一個大城市進行堅決而有效的封城，這是史無前例的。為了控制瘟疫臨時增加醫院，這在美歐歷史上都發生過。面對這種規模的瘟疫流行，把軍隊的野戰醫院移過來應對瘟疫在歐美也是通例——中國也曾把軍方醫院調動作為民用，但從沒有如此空前規模。

美國是世界第一富有的國家，有充沛的資源，有全世界最多的醫院、醫生比例和研究單位。但疫情發生之後，仍然反應遲緩，呈現近乎失控的情形。我們要檢視一下美國失控的原因。美國完全可以做到很好地控制疫情，他們有充足的醫學專家，美國最好的傳染病專家福奇也已經進駐白宮做參謀。但特朗普總統不相信科學，只相信自己的謊言。他不斷地撒謊、不斷地誤導大家，若清查他的公眾發言，不知道裏頭有多少誤解、荒謬和謊言。

　　醫院、醫生以及正規管道傳出的專業性消息，被總統一句話就否定掉。這樣一來，美國全國各州防治疾病的步調不一致，老百姓得到的訊息很多是衝突的。今天美國沒辦法整體控制住疫情，甚至連全國性的數據都不能及時統計。過去這種大規模事件，一小時內全國的統計單位都會介入；這次，很多統計單位無法介入，所以不知道哪個數據可以相信。這使得美國整體的防治工作失控，災害不斷地在加劇。按人口比例，美國的病例數以及治療情形等指標在各國當中都是很差的。

　　對比中美兩個國家的處理方式，正好配合下一講（《中美爭端下的世界格局》）討論美國與中國之間的敵視。特朗普一定要給中國找麻煩，否定中國做的事情，搬起石頭砸自己的腳。一個不正常的領袖，他會刻意淡化甚至否定災難的嚴重性。但有組織、能管理的國家，如德國很快就進入了防疫狀態，掌握了治療疾病、防止疾病擴散的方法。相比之下，英國、西班牙和法國差很遠。俄國內部疫情發展到什麼狀態，目前還不知道。

　　通過這幾個對比，我們可以看到，管理方式、管理規模和管理經驗都對一個國家防治大型災害的能力、經驗和效果有極大的影響。

余新忠，南開大學歷史學院教授，醫學社會史專家

余新忠：縱觀人類的瘟疫史，嚴重瘟疫的流行對不同地區和民族產生了非常不一樣的後果。比如，歐洲的黑死病在給歐洲人口造成結構性打擊的同時促成了科學和理性的興起，美洲的天花在帶走近三分之一的美洲土著人口的同時導致了印第安文明的最終衰微。

而在中國歷史上，一方面瘟疫造成的損傷要小得多，另一方面似乎也沒有對中國歷史造成趨向性的影響。您覺得這之間的差異是怎樣造成的？

許倬雲：假如我們選兩個極端——歐洲和中國——做對比的話，二者之間是有差別的，但是中間型也很多。中東地區、印度地區以及後來的大西洋、印度洋地區，歷史上的瘟疫，都是遠途過路的客人、商販，尤其是過路的大部落進軍作戰，造成迅速而大規模的瘟疫擴散。歐洲一端與亞洲、中國這一端，沒有中間那些過路客帶來的災害那麼嚴重。歐洲大規模的瘟疫流行導致大量人口的損失。在中國則不單是一次性的人口損失，瘟疫所造成的後果也一般會延續很久，往往還會伴隨著二次災害，就算換了種疾病也一樣是災難。

比如，赤壁之戰前後的那次大災疫，造成的後果是在淮河到漢水這條線上（孫權、劉備和曹操對抗的戰場），其兩側的人口幾乎輪換過。本來的人口被瘟疫趕走了或者死掉了，作戰部隊調到那裏去填空、開墾，空缺的土地反而變成了曹操最大的糧食供應地和軍隊訓練地。這種情況在歐洲歷史上很少見到。

東漢末年以後，整個中國的人口因為中原東端的大瘟疫，引發了人口大規模地移動：北方民族從草原兩端進入中原，南方人口則從江南平原向海岸線和西南角進發。這種大規模的人口移動，對中

國而言，正面價值和負面價值都有。假如沒有大瘟疫造成人口的損失，把地空出來，就很難有那麼大規模的空地去接納新的人口。災害對中國的影響極為巨大，要從歷史本身的情況來做冷靜、長遠的判斷。

歐洲沒有那麼大批的人口來補充其損失，所以導致了由於勞力不足而造成的近代工業化，這是影響的另外一方面。疫病造成的人口減少的情況在北美也很嚴重，印第安人從幾千萬人變成了今天不足十分之一。加勒比海、印度洋那邊過路商隊的船隻及海軍帶去的天花，不僅極大損害了美洲的土著，也讓印度洋許多小島嶼都變成了無人島。

天花進來以後，中國人很快就自己發明了防治天花的種種辦法。這一點很奇怪，中國發生了從來沒有過的群體免疫現象，別處都沒做到。瘟疫對中國歷史還有其他很大的影響，比如遼金元三代，契丹、女真、蒙古進入中原。這三代的轉換，從靖康之變一直到忽必烈登基統治中國（蒙古大帝國群裏面的中國的部分）。這幾十年中間不僅有胡人進來中原慢慢落戶生根，還有很多漢人被「胡化」。胡人變漢，漢人變胡，兩邊變來變去，這種影響是相互的。

最近一百年來，從鴉片戰爭算起幾乎是二百年，假如按照古人的標準看，我們的服裝已經「胡化」了，大學學問裏面 80% 是外國人的。大的戰爭災難最終帶來的不僅是人種的混雜，也有文化的交流、混雜，到後來彼此難分，這就要求學者自己要謹慎。

民族和文化是兩件事情，而個人的選擇是另外的事情，不能一概而論。大的時代的影響，歷史長河裏面驚濤駭浪：哪些被洪水洗掉？哪些在浪端翻花？哪些沖上岸去？哪些前浪死在沙灘上？多得很。所以，對歷史的判斷我們要存一分原諒之心。

易中天，學者、作家、教育家

易中天：我們知道，建安十三年（208年）冬，曹操由江陵順江而下，在途中感染時疫，結果兵敗赤壁，歷史因此改寫。建安二十二年（217年）又暴發大瘟疫，不知對歷史的影響如何？

許倬雲：建安十三年（208年），赤壁之戰前後已經有瘟疫發生了。這次東漢晚期的瘟疫，持續了三十年之久。大疫之後，死者未葬，傷者未起，地方秩序不好，農業破壞，就有新的瘟疫再次出現。這幾十年間瘟疫基本一直存在，最大的後果是人口分佈的轉變，而人口分佈的轉變與國家的分裂有關。這期間整個漢朝的秩序都被破壞了。

漢朝的秩序是建構在一個看得見的「道路網」上，從東到西、從南到北。在這個網格上，商品、人才和信息的流動經過金字塔頂的城市向塔底的農村和社區延伸。財富、人的能力、知識、信息，都在這個「道路網和金字塔」的結構上集散與流通。

東漢發生了好幾次瘟疫，比它更早一點的瘟疫是從西亞傳過來的黑死病，死人無數。赤壁之戰前後瘟疫的後果，是大規模的人口遷移。本來人口集中、人才旺盛的豫州、益州、青州、徐州這一帶，受災之後大量人口死亡，導致很多城市變成空城。曹操在赤壁之戰以後，不僅在此安置大量被他招降的黃巾軍，也引進東北跟北方（內蒙古壩上）的人口到那裏去墾田。已經被廢棄的一大塊中心地帶重新變成軍墾的地方，數百萬人在那裏。由此這一帶成為曹操的根據地，也就是後來司馬家族最大根據地，憑藉這一實力，開創了晉代。

南面是抵抗曹操的東吳，其兵員在今天的江蘇、浙江、安徽淮

南等地。由於兵員不夠用，便四處搜兵收俘。諸葛亮的姪子諸葛恪在東吳執掌兵權，把洞庭湖、鄱陽湖湖區四周的山越（住在山裏的越人的後代）搜出來，成為編戶齊民：一部分人替他種田，一部分人被挑出來做士兵。約有上百萬人全都聚集在曹操屯墾區的南邊，淮河沿線上。

這幾十年間，中國人口的分佈變化極大，原本統一的國家大致被分割成三塊。諸葛亮在《後出師表》裏提到的損失的兵員和將領的名字和族名，區域分佈涵蓋了今天整個雲貴、川南、川北，一直到河西絲道（就是甘肅）。換句話說，那些本來不參與中原爭霸的人口，都被拖到戰場上來了。

在司馬家與諸葛亮對抗的過程中，瘟疫發生的次數不多，範圍也有限。但是諸葛亮向南開拔的過程中經歷了多次瘟疫，因為南方的瘟疫很多，瘧疾、血吸蟲病都有。連年戰爭、瘟疫肆虐之下，雖然土地被屯墾成有用的田地，但人口還是持續不斷地受到損失，大批的胡人從東北、東面、北方三個方向進來。與此同時，歐洲也面臨同樣的蠻族大入侵局面，東西兩邊幾乎同步進行。

瘟疫在人間從來沒斷過。

梁冬，正安康健創始人，生命通識學院創辦人

梁冬：現在中美兩國人民都可以觀察到一種普遍的受害者情結，都覺得自己是受害者。這樣的對抗對於兩國人民可能都會帶來很大的不利，但我們作為普通人個體對此又無能為力。請問，在這樣的一種對抗中，一個普通中國人應該如何自處呢？

許倬雲：中美之間的衝突與瘟疫的關係很小。我最近常常講到，霸權不允許挑戰者的存在。用中國人的話說就是：「臥榻之側豈容他人酣睡？」第二號的挑戰者出現並迅速崛起，常常是第一號忍受不了的。

第一次世界大戰，美國出兵救援英國；第二次世界大戰，美國再次出兵救援英國。兩次出兵形成了美國在軍事上、政治上的絕對霸權。更重要的是，形成了一百年來美國更可觀的經濟霸權。

在 1990 年左右，美國用經濟手段把日本興起的新經濟活活掐死了，造成此後日本近三十年的不景氣。這是很顯著的例子，而且對美國而言，經濟霸權比政治霸權更重要。美國的目的很明確，就是要把第二號的挑戰者擊敗——這個挑戰者不是戰場上的，而是經濟場合上的挑戰者。中國已經變成了世界性的市場，並且讓億萬人口脫貧，這是很了不起的成績。中國的經濟崛起迅速，幾乎史無前例，美國心裏不服。

特朗普的歪曲心理就是「America First」（美國優先）、「Make America Great Again」（讓美國再次偉大）。這些我們理解，但是建立霸權，是要付出代價的。美國付出的代價是什麼呢？二三十年來，打了十六七次戰爭，主要是與中東的戰爭，但幾乎一無所獲。

而且，美國始終在追尋更好的、更多的武器，這個負擔極重。幾萬架軍用飛機停在沙漠中，出了廠就停在這裏；幾千條艦船停在軍港內，造好了還沒有配上武裝；更不用說以千計的核彈庫存，以及上萬枚投送核彈的遠程導彈。這個負擔多大？如果這部分錢省下來，美國不會窮。

美國對外貿易是順差變成逆差，特朗普就把這筆賬掛在中國頭上，說「你在剝削我們」。公道一點講，他忘了西方剝削全世界四

百年。但他不會算這筆賬，而非要將中國擊垮。但要做到這一點也不容易，中國今天已經是很大的經濟體了，而且還是全球市場。美國如果退出 WHO、聯合國等，也就意味著美國二三百年的成就，就此一筆勾銷。若是這真的成為現實，是非常可惜的事情。

我個人也盼望，中國在急劇上升的階段要理解到：最近二十年來，中國急劇、大規模的上升是付了本錢的，付出了一去不復返的資源。這筆賬不能以「自豪」與「驕傲」來抵充，中國光輝燦爛上升的背後，是資源環境消耗預付的代價。

王高飛，高山書院 2019 級學員，微博 CEO

王高飛：科技公司一直是在社會背後的工具性力量。隨著互聯網普及和科技普及，互聯網社區出現了，這些社區在全球範圍內都是跨越國家的，例如 Facebook、Youtube、TikTok。
歷史上首次科技型的公司在跨越國家層面成為一種文化現象，這有什麼意義？同時，快節奏的科技企業和歷史的長時段有什麼樣的關聯？現在 Facebook 和 Youtube 這種互聯網企業與國家政府之間的關係，有人說像中世紀的教會和國家的關係。您怎麼看？

許倬雲：科技，尤其今天的科技企業，無論對長時段的歷史還是短時段的個人，科技影響無所不在，我們每個人都被改造了。就像今天，在 Zoom 上面我們幾十人來自不同地方，但我們能聚會在網上這麼談話，在以前是沒可能的。

政治每天會改變，但政治制度可以長期存在。政客改變政治，選舉的過程中，多少選舉權、多少意見發揮的權利在選舉中間被支

配了？不知道，這是短期的。更長期的是經濟交換，每天人們生活得怎麼樣，生活資源是怎麼來的？如何改善資源，人類才能生存長久一點？

更重要的是文化，各種文化中和在一塊潛移默化，整個世界的文化正在迅速地改變。文化和文化之間的橋樑正在建構，但文化與文化之間幾千年、上萬年的隔閡與取向不同，造成了選擇方向不同。

但是不同的文化在今天被逼迫著要互相接觸，要走向彼此交換，走向相互理解，走向融合。這條路最難走，但是依舊要走順暢。這條路走不順暢，就會引起摩擦乃至你死我活的爭鬥；如果能走順暢，就是你中有我，我中有你。可以是仇人，可以是愛人，就看我們如何處理了。

隨著經濟的全球化，文化與文化之間的間隔確實也在逐漸減少。一個正在變動的世界是沒有權威存在的。你剛才講的教會、支配者，沒有一個支配者願意放棄支配的權利。但是今天訊息這麼普及、經濟力量如此強大，任何支配者都沒有辦法說「我的支配力量永遠在我手裏」。因為人的腦子是活的，每個人接收的訊息、意見不一樣，消化程度也不一樣。怎麼樣把差異和分歧綜合起來，去找更多的共同的理想？這是值得思考的問題。我們都知道，理想很難找到。

過去我們把空間叫作場，第一空間是點，第二空間是線，第三空間是立體性。假如沒有拓撲結構，基因的結構圖就畫不出來；假如沒有複雜的空間想法，多維空間、N 次空間的安排就沒有辦法處理。

面對宇宙我們怎麼去理解？空間與空間怎麼摺疊，怎麼捲縮，

又怎麼扭曲？不同空間相碰的時候，扭曲、糾纏到沒有辦法用簡單的幾何學去解決，必須要從多樣變化的空間的角度去想。多樣變化空間，其複雜的程度可以追尋到無限大。

知識越豐富，我們其實應該越謙卑。但大多數人包括特朗普都不會這麼想。今天，我們對知識有尊敬，但我們理解知識也有限度。知識裏面一大半是經常不斷改變的，最多的是歷史知識的改變。每一次反省昨天，意義都不太一樣。

文廚，高山書院創辦人兼校長

文廚：您在《萬古江河》裏寫道，「黃河是黃色的，是艱苦的；長江是綠色的，是快樂的」。我最近做了個「問長江」的公益項目，習近平總書記在 2005 年就提出「綠水青山就是金山銀山」，如今，國家要進行長江大保護。您對環保方面有什麼建議？

許倬雲：對長江我是非常熟悉的。我生在廈門，祖籍是江南無錫，抗戰期間一直隨父親在湖北、四川打轉，尤其是在武漢到宜昌，洞庭湖和長江相逢的一段。長江三峽我走過四、五次，不是自願走的，是日本人一打過來我們就撤。

長江非常重要，也非常特殊。三峽上面兩邊把守長江的是大巴山和秦嶺，尤其在秦嶺這邊有很多石灰岩。秦嶺與大巴山中間有很長的漢中盆地，有非常狹窄的古道。在貴州、湖北、湖南那一帶也是石灰岩，石灰岩可以產生透天洞，就是溶化之後產生的溶洞，有的大得可以擺進一個聚落。長江大壩如果出問題，那就不是小事。僅以這些石灰岩夾層，萬一溶解而致江水大量溢漏，進入漢水峽

谷，沖進鄂北、豫西，那就不是小事了。

　　埃及的阿斯旺大壩建成後由於泥沙沉積問題不但廢掉了，下游本來肥沃的尼羅河平原也變得沒有用處了，而尼羅河的灌溉曾支撐了古代埃及的發展。這種顧慮，但願只是杞人之憂。

中美爭端下的世界格局

疫情過去以後，中美之間經濟上的競爭會繼續進行，經濟上的競爭會牽扯到大國地位的競爭。

最近全球都受疫情的影響，每一個地方的人都人心惶惶。停課、停工、停業，使大家的生活受到極大的干擾。人人都戴口罩，在街面上不敢接觸，在家裏也不敢輕易出門。這種情況使我們想到基督教《聖經》上《啟示錄》所說四騎士：飢餓、戰爭、瘟疫、死亡。這四個騎士來了以後就帶來毀滅，《啟示錄》上也說明了是世界性的大火、天災、洪水、地震等毀滅性的大災害。接下來就是世界末日到了。這四騎士叫「rider」，預告世界走向末日，要等羔羊象徵的和平的到來。

基督教《聖經》的這種記載，是根據猶太教世界末日的預言繼承下來的。其實是猶太教的先驅以及後來的教士們，他們預告說我們的人類社會進入一個好的階段，接下來盛極而衰，就要經歷一段災難了——而且是一連串各種災難同時到達。經歷過災難中的反省，人類社會又能往前進步。

瘟疫帶來的，是毀滅臨近的壓迫感

確實，我們最近這幾個月來都受疫情影響，全球各地的疫情報告天天列了表送到我們眼前。大家日常生活之中，人與人不再自由接觸。商店關門、學校停課，工作單位允許工作人員在家裏用遠程的通信設備，在網上上班。甚至醫生看病，都是在網上問診處方。

這種情況確實給我們造成前所未有的壓迫感，一種毀滅臨近到眼前的壓迫感。信不信基督教無所謂，因為這個規模的疫情，由於每日每夜、時刻不能逃離的壓迫感，使人們的緊張程度極為嚴重，不復原來的輕鬆自由。

　　讓我回頭想想抗戰時期的生活，因為日本軍人的入侵，我們在內地各處不斷遷徙、不斷逃亡，那就是我對戰爭的印象。逃亡途中，就有人死亡。抗戰前後的中國都有瘟疫，但是在戰後蔓延更廣，因為傷者未起、死者未葬。

　　我們有一次逃難途中，隨著大隊的難民路過一個村落，人煙稀少。只有一個老太太在一個房子裏，就對我們說：你們自己想要過日子嗎？我是村子裏最後一個人了。你們不能隨便喝水，我們都因為喝了水患了瘟疫，現在全村都死光了。我們這些逃避戰爭的人，都必須在村子外面的空曠地帶紮營休息一夜，也不敢喝當地的水。只能想辦法從藤條吸出水液，從寬葉裏面咬出水汁解渴。這就可以想象，瘟疫本身造成的影響，居然能讓一個村子的人死絕。第二天早上起來，我們看見老太太已經死了。我們沒法替她埋葬屍體，只能朝她老人家致以哀悼——我們也是自顧不暇，沒辦法照顧你了。

　　這種瘟疫留下的印象、被死亡毀滅的印象，是我的親身經歷，那種恐懼感比今天大很多。在今天，我們只是感受到疫情導致的出行不便以及媒體報道引起的恐慌，種種壓迫感被深深地刻在大家心裏、記憶之中。可是真正在無所投靠的情況下，眼看著一個村子的人相繼死亡，只剩一個老太太無望之中的希望，那種壓迫感與我們今天面臨報道所感受到的程度完全不一樣。

　　瘟疫是很奇怪的事情，它造成的死亡並不是很快的，而是有一個漸進的過程。最嚴重的黑死病，也不是說幾千萬人染病後在幾天內就會死

因為日本軍人的入侵，中國出現了大批的戰爭難民。圖為日本人荻島靜夫拍攝的中國難民照片。

光。黑死病的死亡率是很高的，但它也是要從病源地傳到別處，一處一處、一城一城地毀滅人類。黑死病的傳播有時候還是人為的。像蒙古軍隊往西攻擊，對那些不肯投降的抵抗者，會拿屍首拋到城裏去，將死亡的細菌全部放到城裏。這些城裏的人口很快染上瘟疫，整個城市的人口都死光，他們再駐紮進去。蒙古軍隊同樣受到瘟疫的影響，死了很多士兵。如同今天的美國政府管控不力，這種人為行動加速擴大了疫情造成的死亡陰影，壓在我們心上。

為什麼美國疫情如此嚴重？

今天我們談到瘟疫，常常有人歎息著中世的瘟疫，以及十九世紀跨到二十世紀之間的世界性瘟疫。今天我們看全世界各地的災難曝光，確實非常同情。平心而論，今天疫情暴發的情況和歷史上相比，我們無疑是幸運者：能及時得到消息，有治癒的可能，能做更多的隔離與防護措施，可以減少生病，所以今天我們幸運多了。

我們分析今天的社會，今天的大社會是「interact」，是各種共同體互相連鎖在一起。共同體中的一部分，比如說一個城市發生災難，或者一個地區發生災難，經過傳播、隔離，它們之間互相聯繫、支持也可以，置身事外也可以，有著種種不同反應。

互相照應的時候，會面臨忽然讓大家禁足的情況。就像中國的武漢，將城市封閉起來，封城的確減少了傳播的效應。封城消息一來，我們的日常生活受到了干擾。這等於兩個系統、兩個共同體撞擊在一起，兩種不同的壓力、吸引力的攪亂，造成新的混亂，在波峰波底之間來回震盪。今天借用量子力學來分析，以量子掙扎、量子擾亂（quantum mechanics entanglement）來看，當今社會信息流通很快、數量也很大。這種不同社區、不同共同體之間互相的糾纏，讓信息回饋更加及時、頻密的同時，也造成許多的困擾和混亂。

但今天的疫情為什麼在美國這個全世界最富有，醫院、醫護人員密度最高，醫護設備也是最好的地區大規模暴發？為什麼瘟疫在美國發生以後，居然有口罩不足、通風器材不足、檢驗設備不足等問題呢？美國對疫情的反應之所以不如其他任何國家，之所以病毒在美國傳播率是全球最高，瘟疫感染總人數也是全世界最高，這就牽扯到人為問題了。

特朗普最重要的政治目標就是可以再度當選，他的自我中心、自我膨脹造成了許多問題。他對於災害的防控、相關資源的調動，都沒有好好安排。美國等於沒有一個統一政府主導，本來各處應該互相協助、互相幫忙，最後反而變成了各部門互相牽制、互相抵制，種種現實才造成如今美國極為奇怪的現象。最現代化、信息最能夠迅速流通的美國，在全世界應付疫情的特殊情況之下，居然表現得如此之差。疫情導致國家政治機器停擺，導致政府該做的事情沒做，各部門還互相糾纏、指責。

中美爭端的現實情況

再下面又牽扯到一個問題，與現在的經濟有關。最近二十年，美國經歷了兩次經濟大恐慌。2001 年的「安然事件」，是一個大型投資集團安然公司做假賬，人為製造許多虛假的增長，也造成許多虧空。這種假消息擾亂了市場，種種內幕被揭露以後，一時之間美國的經濟幾乎崩潰。另一次是 2007 年美國爆發了「次貸危機」。虛假的信用被使用、反覆抵押，包裹為內容不實的抵押品，實際情況與表象之間形成巨大的落

差。這種泡沫被戳破，形成了從美國開始，波及全球的經濟大恐慌。

現在我們正在面對的，也是一個不好的政治領導者領導了美國的現實。對於正在大變化的全球經濟，特朗普不僅忘掉了應該做的事情，還忽視了全球的趨勢、全球化的流通，看不到區域之間互通有無的需求。這種全球互通的情況可以使資源的流轉加快，資金的周轉也加快，工作機會多出數倍，可以使全球共存共榮。但是，特朗普居然倒過來說美國吃虧了，通過提高關稅來限制經濟的流動，通過加收關稅「收回美國該得到的錢」。美國這麼大的經濟體要跟其他的經濟體對著玩，他就毀掉了這個經濟體。

舉例而言，日本在 1990 年左右曾經是世界上非常強大的一個經濟體。日本的店家在各處都能看見，日本的汽車滿街奔駛。日本的產品質量好，價格又低廉。但是美國不能容忍這種情況存在，因為日本經濟的擴張威脅到了美國經濟霸主的地位。美國人花了三十年的時間，把日本的經濟打垮掉了。就拿信用貸款壓榨日本實際貨幣來說，不允許日本利用美國的金融機構來資助日本的上市企業，實現經濟持續增長的目標。

全球一體化、經濟共同化裏，以全球共同市場以及區域經濟合作、免稅體系這兩個觀念來說，現在的美國把這兩個已經建制得頗有成效的制度和合作模式都廢掉了，甚至信息都不許自由流通。美國想退出世界衛生組織，既不願意把自己的信息與大家分享，也看不起別人給它的信息。這是美國政府的無理取鬧，不同經濟體之間本來可以順暢地互動、合作、共贏，卻變成錯誤又荒謬的糾纏，這是非常可惜的事情。因此疫情影響了全球經濟的共同體，另外一個客體也與之相關——中美要走經濟上的爭鬥之戰。

這幾年來，中國經濟崛起已然是現實。美國做慣了霸主，忽然中國開始高速發展，威脅到了美國第一的位置。我們看過去世界的歷史，比

如希臘城邦爭霸的時候，霸主不容許第二號強國出現挑戰他們。西方歷史上一個強國嫉妒後來的挑戰者，一定要想方設法把第二號強國打下去——希臘消滅了來自邊緣地區的挑戰者，羅馬毀掉了旁邊的迦太基。希臘城邦沒有想到的是，當自己建立希臘帝國的時候，邊緣不是城邦的那些部落起來了，馬其頓起來了。以至於後來，教會的組織籠罩全球的時候，各種蠻族入侵後被基督教收編，同樣是因為一個霸主不允許第二個霸主出現。這都是過去頻頻發生的常例。

法國強大的時候要把英國拉下來，英國強大的時候把西班牙的海軍打敗。德國強大的時候，西方、西歐的集團要把它打垮掉。神聖羅馬帝國是一個空洞的中歐集團的組織，並不能調解這種互相衝擊的列國體制。列國體制中的第二號向來與第一號之間互不兼容。

美國從英國手上奪下來這個霸主地位，是兩次世界大戰的後果。英國遭遇危險，兩次都得到了美國的幫助。雖然英國最終得到勝利，將日耳曼民族的霸主權全部奪過來；但三百年建立起的大英帝國霸權、曾經日不落帝國的榮耀，也必須讓給美國。

美國經濟霸權的建立，第一步是否定了歐洲貨幣的地位；第二步是建立了黃金貨幣標準——金本位；第三步是取消金本位，變為一籃子貨幣做標準的合作制度。終於，美國把美元變成世界貨幣的標準，這是美國世界經濟制度成為霸權的很重要的表現。美國力量受到外部挑戰的時候，它必須將挑戰者打下去。德國、法國以歐盟的方式被綁在歐洲不能動，日本也被打下去了。現在美國認為必須將中國打下來，這完全是一個長期獨霸的狀態。

美國做莊家，卻不願意擔起領導者的責任。中國人講「頭人」要任勞任怨，結果美國做「頭人」卻是「你們勞苦，我得地位」。這是獨霸的思想，沒辦法長期維持下去。疫情過去以後，中美之間經濟上的爭鬥

兩次世界大戰，英國遭遇危險的時候都得到了美國的幫助。但三百年建立起的大英帝國霸權、曾經日不落帝國的榮耀，也必須讓給美國。圖為二戰後期，「三巨頭」斯大林、羅斯福與丘吉爾。

會繼續進行。

　　於是，中國和美國之間的衝突又超越了經濟制度、經濟發展延伸到所謂的意識形態、組織方式，延伸到所謂各國的立國信仰上去。為什麼一個國家要讓另外一個國家模仿它的立國信仰呢？甚至認為自己的信仰就是「最好的支柱」呢？「最好的支柱」永遠是不斷變動調整的，沒有一個「普世的」「最好的支柱」永久存在。為什麼不能是大家慢慢摸索，共同找尋適合於自己——也是未來發展可能性之一的支柱，然後一起合作呢？這是美國的霸權思想造成的結果，他們不能容忍不一樣的思想、制度存在。

疫情在全球暴發的今天，《聖經》中代表死亡和毀滅的騎士正在我們面前晃來晃去。這個後果使我覺得，不管世界經濟能不能真的實現一體化，信息的流通對於大家而言已然休戚相關。面對這場全球性的災難，大家離不開彼此的扶持。世界永遠在變化，永遠不變的是「變化」本身，我們必須一路嘗試摸索。

　　帶頭的國家必須要付出若干代價，也必須站出來承擔責任，這是無法逃避的大責任。要讓老二、老三服從你，老大就要任勞任怨，要擔起責任、要擔起負擔。不幸的是，在美國這個經濟大帝國也是政治大帝國裏，由於政治力量、軍事力量撐住了它的經濟結構，它不能明白、接受「變化」的道理和現實。這個「唯一」的霸主如果不能夠知道、理解地球是「轉」的——人在轉、地球在轉、信息也在轉，就不容易處理不斷到來的挑戰。而世界走到今天，還是就這麼大一個世界，我們目前沒有辦法用到地球以外的資源作為我們求生的資本。沒做到以前，我們最好的辦法就是互相合作、互相共存。這個訊息我希望我們中國人也了解。

　　就是說我們做好自己的事情，我不勉強你，但是你也不能把你的原則強加在其他國家之上。各個國家容忍彼此的差異互相包容，這才是世界共存之道。

吳國盛，高山書院校董，清華大學教授、科學史系主任

吳國盛：許先生好，我們現在在內蒙古明安圖，這個地方是以清代蒙古族天文學家的名字來命名的。現在中國科學院在這個地方建了太陽觀測站，這次高山書院 2020 級的新生在這個觀測站進行了開學典禮，今天有三十多人參加。

我想問您的問題是，中國民間高漲的反美情緒固然有信息不全或信息過濾以及多方面的因素，是否也有中國傳統文化方面的原因？中國傳統的「天下」觀是否在其中發揮了很大的作用？

許倬雲：我對高山書院這種辦學、授課的方法很欣賞、很佩服。多元化、多場景的教育使得學習者本身不限於學生、老師、校外人士、社會人士，可以彼此互相學習，這是好現象、好習慣，希望繼續發揚光大，促使中國出現一批以終身學習為志趣的人。

關於中國國內高漲的反美情緒，我個人的觀察是：因為美國自身的質變造成了後面中國人對美國態度的變化，這個因素的影響更大；當然，中國內部也有一些原因。

我在美國居住多年，已經變成美國的一部分。我所看見的美國這些年來的變化，與其他同時代在美國內外的學者所觀察到的現

象，大家都多多少少有同感。

美國的變化是什麼呢？外交政策方面，它剛剛立國的時候是殖民地，一切都往歐洲看；過了差不多一百年，開始有自己的文化和作風，基本上可以滿足自己的需求。這個時候歐洲運過來的物品是高檔的物品，於歐洲而言，美洲是邊遠地區。

一戰以後，美國介入並終止了部分歐洲的戰爭，變成歐洲的救星。約翰·約瑟夫·潘興將軍帶去的口號是：「歐洲人，我們回來了！歐洲是我們文化的母親、源頭，我們來回報歐洲了。」第二次世界大戰，艾森豪威爾帶領百萬大軍橫掃歐洲，決定性地把德國打敗了。冷戰時期歐洲分裂後，美國與蘇聯的對抗，其實是拿歐洲的西半邊與東歐對抗。那個時候的美國是趾高氣揚的。我在美國六十年，看見美國從心態相當開放的國家，逐漸發展到特朗普提出的「美國特殊論」「美國至上」「美國第一」，這個變化讓人很不能接受。

美國的質變在世界上所引起的反響，並不只是體現在中國人的反美情緒上，在歐洲、澳洲都有體現。尤其是日本人，他們認為「美國拿我們當殖民地」，這種狀況日本人受不了。如此種種情況的出現，應該是美國的關係比較大。

中國的天下國家概念，並非妄自尊大，不是「我是第一」，中國的天下國家是逐步以同心圓為中心的擴散。就像歷史上日本對中國文化的接受，特別徹底，中國並沒有要求它降服，中國沒想征服日本（除了元朝有過一次失敗的嘗試）。

封建社會時期中國對外部世界的態度是，「你在我的核心圈的外圈」。這個同心圓結構，第一圈是中原的本部，第二圈是各省，第三圈是邊疆地區、國界之內的少數民族，第四圈、第五圈才是外國人的範圍。中國沒有對外的仇視，只有奇風異俗的觀察視角，

「他們是蠻夷之邦，習慣是如此，我們不必管他」。

但到明朝以後好像非管不可，於是開發西南邊境少數民族地區的明朝官員，基本上每一個都有表現自己功勞和成績的地方，到那裏去宣揚中華文化。若是以傳統的天下國家觀念而論，這其實過頭了。王陽明這樣一個心學大家，心胸非常開放自由的人，但他打起廣西的瑤人，一點不手軟，一點不儒家，殺得雞飛狗跳，把幾千人趕到山溝裏去。那種現象，確實是到了過分自大自尊的地步時才會出現。

中央與地方的距離，在中國每個地區都有階段性的差別，而美國自始至終是自信滿滿。美國愈有錢愈被人家看不起。第一批看不起美國的是猶太人，第二批看不起美國的是德國人和法國人，第三批是藏著尾巴的英國人——英國人既看不起美國，又要依賴美國脫歐。英國人對美國是輕蔑的心態，澳洲人也是如此。

至於中國，在抗戰以前，租界裏說洋話的中國人是「天之驕子」，對一般的中國人是瞧不順眼的。我們在上海租界以外，我是無錫人，無錫當地幾乎每一家都是幾百年連續不斷地受教育，即使家境貧窮也受過教育。對講洋話的、口口聲聲「我是洋行買辦」的人，我們地方老家族看不起他們。當然，他們也看不起我們。

所以，中國和美國面對世界的態度、方式的差異，是中國文化和美國文化在實際發展中的差距。不是落差，而是時間表上跑得快和跑得慢之間的不同。

張雙南，中國科學院高能物理研究所研究員，中國科學院大學教授，天宮二號空間實驗室伽馬暴偏振實驗、「慧眼」天文衛星以及中國載人航天工程空間天文與天

張雙南：中美關係還能緩解嗎？對中國來講，中美關係最好的結果是什麼？

許倬雲：我分兩部分來說。美國對外國的態度，以二戰為分界點。美國一邊是大西洋，一邊是太平洋，自己處於一個萬全的形勢。二戰以前，美國認為「我們這個地方是沒有敵人的」，「我愛管歐洲就管，不愛管就不管，對東方更如此」。

二戰以後就不一樣了。亞太地區兩個大國，一個中國，一個日本，都有長期獨立發展了幾千年的文化。美國對這兩個國家的文化是客客氣氣，「我不叫你野蠻人，我叫你異教徒，可貴的異教徒、值得尊敬的異教徒、可憐的異教徒」。「可憐」是指中國太窮了，日本太簡樸了、心胸太狹窄了，所以「我救你們，幫你們」。

美國在中國設教會、辦學校，不完全是文化侵略，它確實是基督徒傳教精神之外，還有一點點憐憫的觀念在裏面。這個種子種下去，一定有收穫。果然，一百年內，中國人對美國人相當親密、尊敬，尊敬到幾乎是「媚外」的程度了。

美國後來為什麼對中國這樣？等到中國變成共產黨執政，與蘇聯站在同一陣營的時候，對美國的資本主義是大的威脅，這時候中國就變成敵人了。就不再是「可尊敬的、可值得幫助的」異教徒了，變成「十字軍的目標」「異教徒」「挑戰基督自由生活的外人」。從這開始，美國對華的外交政策是以遏制為主體。

其實不僅共和黨，民主黨也一樣。像特朗普今天在太平洋的挑戰行為，希拉里每一樁都做過。現在特朗普對中東地區所做的亂七八糟的事情，美國以前都做過。這種「遏制」裏面，又加入了一部

分享廷頓的「文明衝突論」。亨廷頓認為東方文化和西方文化各是各的，兩邊永遠不交叉，永遠是不一樣的。「我們對東方人，你不要認為你可以懂得他。你不會懂得東方人，東方人微笑的後面高深莫測。」

到了福山這裏，就提出了「歷史的終結」這個判斷。他認為美國的制度、文化是人類歷史演變的終結，不能更好了。「歷史的終結」不就是「歷史的死亡」嗎？以我來看，福山的這個提法是莫名其妙的糊塗話。

目前，身處這三個階段之中，美國常常提到一個口號：不允許第二號挑戰者存在。今天的情形不是老大不如老二的情節，是"做買賣做不過我就幹掉他"的意思。現在特朗普很以這種態度為是，即使兩敗俱傷，也無所悔。

我估計特朗普 11 月就完蛋。但特朗普下臺以後，希拉里這批代表民主黨的人也好不到哪裏去。喬·拜登是老實人，看他旁邊的人幫忙吧。卡瑪拉·哈里斯這位印度裔女士也不簡單，非常激進。接下來美國怎麼走，還難說。有一樁我是肯定的：美國內部的問題大於外部的問題，美國經濟面臨脫軌的風險。經濟離開軌道，失去常態，這是內在的致命傷。

中美關係最好的結果是像世界史教材上的口號一樣：各取所需，各盡所能，全球互通有無。歐洲內部曾經關閉的門已經打開，但是東歐和西歐永遠在對抗，這是歐洲的致命傷。將來共同的世界可能是三角形的結構，歐洲、亞洲、美洲三條線，互相之間交叉來往，大家共存共榮。

日漸衰敗的美國國家精神

美國要不要也走心靈上的自由，尋找心靈上的開放？

心靈上的安頓，比生產、生活上的安頓和舒適更為重要。

這是美國人最近一個大的難關和關口。

美國在整個發展過程之中，經歷了各種精神狀態或精神境界，進而形成了立國的根本條件和約束規則。在英國移民新到美國的時候，以「五月花號」為代表，他們是尋求新的自由、平等，希望擺脫舊日封建領主和天主教會約束的一群清教徒。

美國的立國思想和延續至今的內部鬥爭

他們到達北美這片新的土地上，覺得可以與神直接溝通，不再受舊社會的約束。可是在新的領土上，他們也要有一些依據來制定規則，這個依據就是要尋求自由和平等。自由，是不受約束的自由；平等，是人與人之間沒有貴族、貧賤的界限——這種精神境界，我們稱之為美國自由、民主的基本條件。

在這個階段過去以後，建國階段的美國由十三個州組成。建國者內心所掙扎的是，新移民帶來的自由精神，在茫無邊界的新領土上要不要加以約束？要不要群體之間共同協定來決定國家的公共事務？這個協定，最後就呈現為十三州的聯合政府，以及美利堅合眾國的運行機制。合眾國既然是建國先賢約定組建的方式，應該以什麼為政策、法律依據呢？是以憲法為依據，最後爭取的是人的自由和平等。

但這個時候出現的自由和平等又有新的意義了。「自由」是指在國家政權之下，保留憲法約定的一些個人自由。政府代表公權力，但是我

們人民與公權力之間對等的條件是，委託公權力享有若干約束個體的權利，但不能把全部的個體自由都委託給政府。面對政府的時候，人民需要保有一定的自由。「平等」在理論上是指「在上帝面前人人平等」，但是在這個特殊的時空背景之下，美國認為到新的土地上來開發美洲的白人，他們是背負著上帝所賜予的使命；他們的自由和平等，是信眾在神面前的自由平等。所謂異教徒，在獨神論的基督教信仰中，是沒有平等也沒有自由的；甚至於婦女也只享有局部的平等和自由。

此外，究竟是國家的權力大，還是個人的權力大？這個問題當時也沒有說清楚。到今天，還是共和黨和民主黨兩黨之間爭執的要點。共和黨認為人民的權力大，民主黨也同意人民的權力大，但認為人民共同締造的公權力應該超越個人權力以上——根據法律的規定，人民的權力要受大眾約定的一些約束。這是今天我們看到的自由主義和國家主義、公權主義之間，經常不斷對抗的歷史和思想背景。

等到美洲廣大的土地上不斷有新的移民進來的時候，這個開闊的天地有無窮無際可以讓人開發的土地，有山林、河流、水利、礦產、黃金、石油。這時候，美國覺得開發這塊土地是屬於我們的責任。向西開發，尋求更多生活條件和資源，尋求更好的生活空間，是我們國家立國的精神——進取和奮鬥。而進取的過程中，是獨立的移民自己具有的理想，要在新的土地上盡我之力，締造新的社會。這期間自我期許的精神是相當強烈的。

隨著美國人在美洲立下腳跟，力量很堅固了，全部的土地、礦產資源都慢慢開發出來。在南北戰爭以前出現了新的爭論：既然我們締造了政權，我們有沒有權力反抗它？人民又面臨著這種矛盾：國家的政權是神聖不可侵犯的，還是國家的政權可以被人民改造？這也是美國今天還繼續存在的鬥爭。

向西開發，尋求更多生活條件和資源，尋求更好的生活空間，是美國國家立國的精神——進取和奮鬥。圖為美國西部開發時的印第安人部落。

新工業發展的資源分配，是由僱主來決定，還是工人也可以參與決定？這種觀念上的分歧就產生了勞工和工廠主之間的矛盾。同樣，這個矛盾也存在於地主和他土地上的勞工之間，或者是僱主和外籍勞工之間。圖為 1941 年，美國迪士尼大罷工。

美國勞資衝突有其思想背景，也在不斷調適

美國經過工業化，從開拓農業資源走向了工業化的道路。很快美國就超過歐洲的母國，從經濟制度到生產制度全面超越。在美國，新的工廠大規模出現，和歐洲的生產者競爭世界市場。在新的工廠裏面，資本主義投資和資本家在創造新財富的過程中面臨一些新問題：為新工業服務的工人，他們是僱員還是夥伴？工人是受僱主僱傭來生產商品，但他們的工資由誰來決定？是僱主來決定，還是工人也有權利決定？也就是說，新工業發展的資源分配，是由僱主來決定，還是工人也可以參與決定？這種觀念上的分歧就產生了勞工和工廠主之間的矛盾。同樣，這個矛盾也存在於地主及其土地上的勞工之間，或者是僱主和外籍勞工之間。他們之間也需要面對剝削者與被剝削者的認知差異。

這種現象反映出歐洲已經出現非常強烈的社會主義革命理想，也反映出美國長期在經濟制度上，均貧富還是求大這兩個目標之間的衝突。在幾乎同等的條件下，我們選擇哪一邊？在今天，這也還是一個需要解決的矛盾和社會問題。資本支持的大財團的力量，和老百姓、勞工支持的以罷工權利來對抗的勞工的力量，這兩股力量誰大？在法律上，兩個群體能夠得到的發展機會是不是一樣大？如何面對和處理這個問題，攸關公平原則和平等的問題。

這段鬥爭、糾紛反映在美國的政治上，就是共和黨和民主黨的交替執政。可這麼一個進步主義的部分，是偏向於社會主義理想的部分。進步主義這部分的力量，在美國的政黨組織裏面從來沒有很大的影響力。可它到今天依然存在，存在於民主黨的自由分子之間，存在於他們對抗共和黨、反抗工廠主這一對自由經濟理想的堅持之間。這也是當前存在於美國社會思想中的一個對立。

歐洲出現社會主義、馬列主義的同時，也出現了以希特勒為代表的國家主義、國家資本主義。是個人在國家之下屈服呢？還是個人在勞工共同組織的一個大的勞動階級的力量下屈服？國家力量和勞動階級的力量是否能夠壓過投資者？政府是否應該打壓投資者，讓市場能發揮被支配的一面？這也是一個大的、很難決定的課題。

　　所以，這樣的糾紛到今天依然存在。共產主義終極模式在美國基本上已經沒有市場了，但是社會福利的理想一直存在。它在英國發展為費邊主義，在美國就落實在第一次經濟危機之後，即羅斯福主張的新政。羅斯福新政的社會福利理想，到今天以類似的方式在歐洲成了主流：公權力有責任要給每一個人提供合理的、有尊嚴的生活條件，每個人都不能因為貧窮而沒有生存的機會，這個要求是要確保人的尊嚴。人的尊嚴後面，究竟是社會決定的要求、是天性自由，還是上帝神恩給予的自由？這到今天還有很大的推敲的餘地，我們沒有得到完全的解答。

　　二戰開始以後，蘇聯在歐洲獨大。美國要保護沒有受到社會主義、國家主義影響的歐洲，不至於在蘇聯的獨大之下被佔為己有。所以，美國與蘇聯就有了對抗。於是，美國自稱為現代文明的「十字軍」，它認為共產主義是變相的奴役制度。對蘇聯是如此，對今天普京治下的俄羅斯也好不到哪裏去。這種冷戰對抗之下的「標籤」，到今天還是世界列強權力鬥爭的主要口號。而在美國，它認為這個口號是必須要尊重的。北大西洋公約提出人民有四大自由：每個人有開放的自由、遷徙的自由、表達自己思想的自由和行為的自由。這四大權利、四大自由，被美國認為是基本的立國精神之所在。

　　二戰以後，另外一個潮流開始了。當年新移民進入美國以後，帶來了歐洲的思想——也就是說，基督教不同派別的理想。美國的主流宗教基本上都是基督教的一神論信仰，一神信仰最後又牽扯到白人。由

富蘭克林‧羅斯福（Franklin Delano Roosevelt，1882－1945），他任美國總統時提出的「四大自由」，被美國認為是基本的立國精神之所在。

於基督徒以白人居多產生的優越感，這就使得其他有色人種受鄙視、受奴役、受虐待。實際的條件之下，白人和有色人種之間的力量非常不平等。

這種時候，不同種族的國民要求彼此權利平等，當然女子和男子之間更需要求得平等。甚至這時我們發現，尋求自己的性別也是個人的自由，一個人「覺得自己是男性還是女性」，這也是他們追求的個人自由的一部分。

在國際市場上，美國具有強大的生產力。在國內資本家和工人之間的矛盾中，工人是以工潮罷工來做抵抗的——唯有如此，無助的、弱勢的工人才有機會和強大的金錢持有人、東家談條件，從而逐漸達到一個平衡點。確實，到了二十世紀後半段，很多公司已經發展到了這個地

步——工人領的薪水當中有一部分是該公司本身的股權、分紅，相當於一部分生產者本身也變成了公司的主人之一。這個方向比社會福利更進一步，但走得不是很遠，因為發現又有困難了。

在國際市場，這種做法使得單位生產成本趨高。假若國際上的競爭對手不是採用同樣的勞資合作的模式，他們所支付的勞工代價沒有這麼高的時候，美國的產品顯然就會居於劣勢。美國商品在國際、國內市場均處於劣勢——外國的貨品進入到美國可以採用低價行銷，美國本土企業就面臨很大的難關。

面臨如此種種挑戰的時候，對於社會主義福利思想，美國能接受到什麼程度？現實情況使美國必須要在這裏劃清界限。美國對於社會主義國家，或者類似社會主義的國家都有敵視心態。究竟是封鎖對抗，把對方壓縮在它已有的圈子裏不讓其出來？還是當壓縮不住時，接受必須共存的事實？共存的話又該怎麼樣共存？

於是，喬治·凱南所主張的封鎖政策，就逐漸轉變成基辛格的開放政策和交往、來往、合作、容忍。這兩個力量對於美國而言，是兩種不同的制度與政治構想。另外一方面，當下中國的快速崛起，直接挑戰到二戰以後美國在世界的霸權。霸權是容許敵人與其共存，還是必須要把敵人圈禁？如此，情況就變得複雜：採取務實的霸權爭奪？還是，尊崇理想的保衛公平和自由？到今天美國人還糾纏不清，所以美國一直在這個圈子裏打轉。

到最近有一股新的力量出現，也就是科技文明的出現。科技邏輯、生產邏輯、物理邏輯、宇宙現象的邏輯，給我們提供了更多思考的角度和層面。在當今的資訊社會，資訊交流的手段不斷改進，資訊的輸入不斷增加，範圍不斷擴大。它使人掌握自然的力量強大到一定的地步，那麼科技的力量是不是能支配人類本身的理想？

求得心靈上的安頓，是美國人一個大的難關

最後也是最大的一個問題是：美國或者說西方在基督教思想以外，還有沒有過心智自由上的理想？在美國，我看是沒有的，他們認為神要主宰一切。美國在二戰以後，從東西方戰場上回來的戰士，這數百萬年輕人把東方的哲學、宗教帶到了美國，美國人才開啟眼界，接觸到佛教、儒家、道家、摩尼教等來自東方的思想。

歷史上，許多東方的思想、文學、藝術，與美國是完全不同的境界。東方的藝術文明反而是和印第安人有可溝通之處，和其他分散的各族有更多的溝通之處。放在世界文明來看，白人主張的一神論基督教反而是特例，但這個特例具有強大的現實力量。

德日進（Pierre Teilhard de Chardin，1881—1955），他對東西雙方文化都懂，包括現代科學的精神、現代科學追尋的方向、科學研究發現的現象，乃至在心靈的自由之間如何安頓，他都有自己的理解。

這些新的思想進來以後，對美國思想有大的挑戰。美國要不要也走心靈上的自由，尋找心靈上的開放？心靈上的安頓比生產、生活上的安頓和舒適更為重要。這是美國人最近的一個大難關和關口，這個難關和關口還不能突破，還正在進行之中。

我曾經介紹過一本書，或許能幫助大家尋找這個路線。這本書的作者是法國的天主教教士德日進，他的法文名字是皮埃爾·泰亞爾·

德·夏爾丹（Pierre Teilhard de Chardin），書名為《人的現象》（*The Phenomenon of Man*）。這個法國的天主教神父在中國的古脊椎動物研究所研究古生物學，尤其是研究人從人類以前的階段進入人類階段之間大的關口。這個關口是怎麼跨過來的？跨過來的特殊意義在哪裏？若是一個演化的過程，其演化的現象，具備何種特色？是向上，還是向外？德日進作為進化論者，又是天主教教士，面對東方文化給他的刺激，他必須設法調和天主教的教義和科學學科的空間、思想之間的衝突，不得不寫了《人的現象》這本書。

後來德日進被天主教認為是離經叛道，招他回法國加以拘禁，不許他家裏人看望，讓他停止履行宗教上的職務，不允許他告解和禱告。但是，作為一個學者，他忠於現代科學的精神，他必須尋找自己心靈的空間，以及在心靈的自由之間，如何安頓自己，他必須忠於自己的理解。對於他，我滿懷尊敬，也盼望天主教不該在他死後，繼續禁錮他的理念。反而，教廷卻該好好反省：如何調整自己的神學系統。

今天美國真正的有識之士，有能力跳開財富分配的問題，跳開政治權利的問題。但是，人究竟有沒有跳脫世俗約束、跳脫為了生存而活著的局限，找到生存的意義和生存的內容的解釋？這些都是更為重要的事情。

謝宇，美國國家科學院院士，美國藝術與科學學院院士，臺灣「中央研究院」院
士，美國普林斯頓大學教授，北京大學講座教授

謝宇：美國社會充滿了矛盾，其中一些矛盾可能被視為美國衰落的
標誌。然而，任何社會都充滿了內在的異質性和矛盾性。對美國來
說，正是這些內部的異質性和矛盾——往往表現為個人主義，使
過去的社會充滿活力和創造力。因此，您提到的矛盾和困難是不是
也可以從積極的角度來解讀？

許倬雲：美國的國民是不同時期、不同來源的人共處在一起，並在
這個地方發展來的。他們有城市和鄉村的差異，有東岸和西岸的差
異，有內地和沿海的差異。這些特質不是矛盾，而是差異。所以不
應當用辯證法的矛盾來處理它，應當從差異方面來想。

兩個有差異的文化相碰之後，一定會相互融合。遊牧文明與農
耕文明，漁夫和農夫，還有各種各樣不同信仰的民族，都可以在各
自的背景上發展。碰到一起交朋友或者混雜住到一塊的時候，他們
會尋求互相適應。適應之後就慢慢開始整合，而後就可能互相交織
為混合品。

中國地區從上百種新石器文化一步一步整合，從以前沿著河流

的整合，變成沿著道路的整合，再變成網狀的整合——最後到漢朝的時候，主流文化就有高度的異質性。這一路整合的過程中，古老中國文化不斷吸收差異、承認差異。中國文化的高度異質性在於容許不同的東西共同存在。在中國文化裏，承認差異是常態。同中要有異，異裏面可以加入和發展出新的同。中國的邏輯一直是辨證學的邏輯，就像《易經》裏說的，這個世界上唯一不變的是改變，歐洲的思想裏面沒有這一包容異端的肚量。

歐洲自從接受基督教思想以後，人們的信仰都是一聖到底，一神到底。然而他們的神很多，有東正教的神、天主教的神、新教的神，三種神不一樣；新教的神裏面還有差別，加爾文宗的神與路德宗的神又不一樣。它們之間不容許調和，因為調和以後有實際的利益衝突問題。單一神的信仰造成的結果是：凡是差別就有衝突。中國的觀念是有差別就融合，就調適，永遠在變。

美國目前面臨的情況，類似中國從新石器時代一直到漢朝階段面臨的局面。美國在吸收不同血統、不同信仰和不同文化背景的人，但這裏矛盾的是，它堅持美國文化開放的同時，又不接受黑人及其他語系的人。在十九世紀，美國一年只允許一百五十個中國人申請合法進入；但對英國、德國、法國等沒有限制。按照不同人群在美國地位的高下、身份尊卑發放不同的配額，這就不是開放了。

工業革命以後，美國工業跟著歐洲發展，工人與工廠主之間的衝突越來越嚴重，一直到出現罷工和大規模的衝突。在我寫的《許倬雲說美國》裏面，曾經描述過一次大衝突，傷痕累累，幾乎到了打內戰的慘烈程度。

美國人不懂得差異可以調和，差異可以共存，主要原因是一神教的獨斷觀念對人的心理的影響。印度教和中國儒家這兩個宗教容

忍性很大，接受異種的可能性很大，它們開拓的餘地比新教要多得多。中國和印度文明的思想資源，對現在世界所面臨的多文化衝突的局面是有借鑒意義的。

李菂，中國科學院國家天文臺研究員，FAST 運行與發展中心首席科學家

李菂：美國最高法院大法官安東尼・斯卡利亞經常說要追求「original intent」（原旨主義），好像有一些把美國的建國者神化的意思。結合現實中發生的事情，它是不是展現了所有的矛盾和想法，在開疆拓土的時候都不是大的問題，因為美國一直在發展和擴張。從美國建國到現在有兩百四十多年，它是不是進入文明發展的衰老的必然現象，還是只是暫時的衰退，依然能展現本真精神帶來的活力？

許倬雲：當前的美國是否衰老，要看其自身是否有容納其他意見的餘地。比如美國自從變成獨神信仰，獨佔性強了以後，美國人種族上的優越感也強了，亦即 exceptionism（就是「我特別優秀」）。美國對不同地區的人有不同的偏見，它認為只有自己是最好的，而且美國社會仍有身份等級的區別：等級最高的是英國來的那批人，「波士頓婆羅門」（Boston Brahmins）。當年波士頓剛開埠的時候，在燈塔山（Beacon Hill）有五六十戶大人家：他們的子孫都是清教徒，是教會裏主要的活動分子，也是當地有頭有臉的人物，包括商店主人、大地主、民兵隊長等。一直到現在，這些家族佔有美國的 80% 以上的財富，主要以「財團法人、委託基金」的名義，集中在幾個投資基金和全世界的證券市場持續經營。他們的財富使其自覺

高人一等，認為不會有人比自己更好、更優秀。

第二圈看不見的貴族是 1880 年開始，美國大規模的工業發展誕生的洛克菲勒、富蘭克林等家族。他們下面的僱員，包括英國系統、愛爾蘭系統、西歐系統、德國系統、東歐系統的移民在內——猶太系統排在更外圍，俄羅斯系統排不上號。這個結構是一圈圈，階級分明的狀態。美國的知識殿堂——大學也被這些家族的資本獨佔了，很多著名的大學都是他們捐錢辦的。

美國創立的時候，「波士頓婆羅門」與南方的貴族、費城的知識分子三支力量合在一起，後來紐約老荷蘭貴族也合併進去，四支力量構成了美國的統治集團。這個統治集團不是不願意改變，怎麼樣改變都可以，但獨佔的優勢不能變。他們是利益分配專斷的問題，不是理念的問題。請注意，我們要理解任何大文化系統比如美國，裏面應當有橫向的視角來觀察，也要有直的切割的觀察視角。

不同文化來源的人聚在一起尋求共同，並且最大的共通之處是遵照同一個國家的法律，那麼法律有特殊偏見的話就要改變法律，因此美國的法律制度也是在不斷調適的。此外，美國的階級與階級之間有法律權的平等、受教育權的平等，這是許多年奮鬥得來的。但我們也要看到，今天印第安人社區的孩子要出來上大學難如登天。另外，賓夕法尼亞州有一群阿米什人，他們到最近才用上電燈，此前一直過著自己中古的日子。

蔣昌建，高山書院 2018 級班長，復旦大學副教授，著名主持人

蔣昌建：有一種症候群，叫「巴黎綜合徵」。意思就是日本的遊客到了巴黎，發現這座城市與想象的不一樣，到處都是寵物的排泄

物，有些地方的社會秩序也讓人困惑。那個浪漫都市的印象，瞬間有些幻滅，這造成了不少日本遊客不良的心理反應。我借用這個概念來談有些人心目中的「美國綜合徵」，即過去這個國家給人留下的理性、秩序和科學的印象，在這次的疫情中出現了很大的轉變。戴不戴口罩這一衛生話題成了政治話題，有人竟然相信服用消毒水可以祛除病毒，並因身體力行而殞命。許先生，導致這些現象發生的除了您剛才說的宗教之外，還有其他什麼原因？

許倬雲：美國出現這樣的問題，不僅與宗教不寬容有關，還需要從美國人的來源和去路去了解。我來美國六十年，寫了本書對美國檢討，叫作《許倬雲說美國》，裏面就討論了來源和去路的問題。來源是每一個族群到美國的時候，都盼望這個社會是開放的、自由的，到了以後才發現這裏是競爭極為激烈的社會：成王敗寇，新人其實很難脫穎而出。

美國從立國到現在，沒有出過頭一等的哲學家、文學家和詩人。最大的哲人是杜威，他主張實用主義。文學方面，早期的詩歌還不錯，現代詩歌越來越晦澀難懂。原因在於來美國的人往往本身不是自己本邦的頭一等人物，尤其是工業革命以後歐洲過來的都是窮人。二戰以後，歐洲的科學家、哲學家過來了，東方的優秀人物也過來了。在這些人以外，美國人認為進來的人都不如英國來的人。

英國移民過來的清教徒是都市裏面的小資產階級，天然有反對封建貴族的趨向，也天然有反對大富特富的現象。這些人進入美國，成功的基本尺度是有足夠的生活資源能活下來，高度成功的尺度是有錢。除了錢之外，還有精神境界——這一"美國精神"，乃

是進入洪荒開拓天地為我所有，敢闖、敢打、敢拚。錢和地位是成功的標誌，到後來實際上變成致富是最大的工作誘因。

二戰前美國剛發生過經濟危機，之後反省的過程中出現了一批人，指責美國社會追求物質慾望、財富慾望的特色。比如菲茨傑拉德寫的小說《了不起的蓋茨比》，就反映了這一現象。二戰以後，戰場上回來的經歷過生死的年輕人，在歐洲戰場上看見歐洲老習慣、老的文化傳承以及哲學上的討論，他們很感動，開始反思「我們為什麼不思考自身的問題」，於是嬉皮士出現了。嬉皮士不重財富、不重名聲、不重地位，重的是內心尋求新天新地以及解決內心困惑的自由和能力。美國的嬉皮士類似於中國南北朝時期的清流，也就是清談的人物。

一直等到工業生產從一般的產業伸展到大產業，再伸展到非常專業的產業，進而延伸到科技產業。與工業開展同步進行的是科學的探尋，找新道路、新資源、新形式，最後與科技生產整合出生意。依此邏輯延伸到信息方面，傳播理論、整合理論都是因為工業界的需求，才在學術界裏面出現的。

這樣一條路徑和方向，我認為是很好的。慢慢地會從“馬被車子所拉”變成“車子被馬所拉”——馬是科學，車子是技術。我希望有一天，「科」在前面，「技」在後面。「科」自己發展新的領域，比如外層空間、宇宙、量子力學，不去管有沒有工業上的需求，甚至可以超越牛頓、打敗愛因斯坦，必須要走這一條路。這些趨向是慢慢校正美國未來的最好的方向，最大可能性的一條路徑。

美國確實很長一段時間認為聚富是最好的事情，有了錢什麼都可以做。後來，新的移民（尤其是從德國來的）帶進來的是，從現實中找路走，不要從神的假定中找路走，這開了新的路。今天的世

界，經濟上的交換已經不太可能被切斷，世界性的商業經濟交換網絡籠罩全球，驅使共同的人類文化必須要出現。不然的話，只能打架，沒有辦法好好過日子。

我們未來唯一的出路，就是在經濟交換、文化交流互通的網絡上建立新的理想。國家不是終極階段，國家是中間層。不要拿國家挺在前面，要拿各種其他的世界團體擺在前面。我個人的理想是，未來世界可以模仿中國幾千年走的過程，從中獲取處理當下國與國之間關係的思想資源，這個過程裏大家互通有無、合作交流。

這條路要走，也並不是一定可以自然而然地走到的。要自己約束自己，自己警醒自己。將來不能靠鬥爭解決世界問題，要靠調和，要以文化、經濟的全球化做基礎。中國的《禮運》最後是大同之世。《論語》裏面解釋說大同是先修己，修到可以幫助人家的時候，修己安人，修己安民，最後修己安百姓。但是，《禮運》已經指出「修己以安百姓」的境界，在虛設的神聖世界都沒有實現過。這個理想是沒有盡頭的，永遠向外有無窮的擴充餘地，向內有無窮深的深處要去自我調節、探索。中國提出的「人類命運共同體」的概念，從某種程度上來說既是目標也是路徑，至少是一種善意的可能。

蕭泓，高山書院 2017 級學習委員，完美世界 CEO

蕭泓：農耕時代的主要競爭是對土地資源的爭奪並形成封建制度，工業時代是對技術和市場的爭奪，也衍生出自由主義政體。那麼從歷史延展的角度，什麼制度可能會成為最好的？

許倬雲：所有的秩序都包括一點，公權力要有很大的權威，但是公權力最大的威脅是被誤用。柏拉圖的《理想國》借用蘇格拉底的談話，哲學君主有思考能力、有眼界，有洞察力和融合力。這類君主很少見，少見到他即使出現了，他本身也會衰老。這套政治制度也會衰老、退化，然後下滑到軍人專政、富人專政、暴民專政。暴民不是普通老百姓，是糊裏糊塗的老百姓；這樣的老百姓擁戴出來的，就是糊裏糊塗的君主，像現在的美國總統特朗普一樣。柏拉圖認為，要真正恢復到民主政體不可能。雅典城的人口是五千六百人，我們今天哪裏能夠靠五千六百人的社區過日子？何況五千六百人之外，還有不屬於雅典城的牧人、農夫為雅典城提供糧食。

就今天的體制來說，每一種政體都有它的過渡期。都是為了呼應時代需求、解決當代問題設立的，後面來的人過分地堅持同樣的方式就容易僵化。佛教講的「成住壞空」，這是世間事物的基本邏輯，政治制度概莫能外——「成」的時候很好，「住」的時候勉強維持，「壞」開始分崩離析，「空」就沒有了。

我們不能設想哪一種制度，是天下唯一的、最好的終點站。亨廷頓的徒弟福山講「我們到了歷史的終點站，就是美國」，這話講得沒道理。天下世界沒有最後的終結，最後的終結還需要考慮人的因素。沒有人不老，沒有人不死，沒有人老了以後不糊塗，沒有人不會衰退。

不要理想地認為將來有東西可以完全代替什麼，只有演化，只有無窮地追尋、改變，和因此而呈現更多的選項。好的制度要留下可以改變的空間，不要把改變的空間塞滿了，要保留一定的餘地調適自己。沒有完美的境界，但要有試探的空間。Try it and improve it（嘗試並改進它），這樣我們才有活下去的可能性。

美國國家組織活力正在喪失

在美國所謂平等的社會之下，
每個人都覺得「我有機會在這裏奮鬥」。
但是奮鬥到一定地步，我該不該再繼續奮鬥？

前面一講中謝宇教授提了很好的問題：究竟美國出現了什麼樣的困難，以至於到了今日如此地步？他還提出了很多可能性：美國是否還存在創新的可能性？美國社會是否還有調適的可能性？這在我看來，就是美國本身發生的問題之一。

美國社會的活力正在喪失

最近有一本書是寇特・安德森（Kurt Andersen）寫的《邪惡天才：美國的毀滅：一部近代史》（*Evil Geniuses: The Unmaking of America: A Recent History*）。這本書不算小，四百多頁，討論的是美國目前面臨的精神狀態和制度的缺陷。謝宇先生問的是精神狀態上的問題，但究竟美國當下的問題在哪裏？美國有很多創新，同時美國社會結構是由許多不同的多元成分拼合在一起的，美國國民的來源也很複雜。這種背景對於美國而言應該是有刺激性、有活力的──沒錯，這是精神狀態的刺激性與活力，是美國立國時代具有的；一直到 1980 年左右還有這種活力，到 2008 年也還呈現出一波活力。那為什麼現在的美國，這種活力不見了？

安德森是很著名的記者，他認為美國活力的喪失是一種社會老化的現象。美國太富了、太自滿了，覺得太滿足了。過去，許多人對於自己

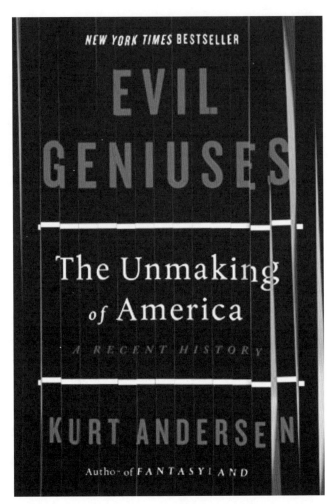

安德森是很著名的記者，他認為美國活力的喪失是一種社會老化的現象。美國太富了、太自滿了，覺得太滿足了。圖為安德森討論美國目前面臨的精神狀態和制度缺陷的著作《邪惡天才：美國的毀滅：一部近代史》英文版封面。

的情況覺得有改進的可能，有改進的要求。尤其是乍到的新移民，往往覺得到了這裏，我要好好打拚天下，以期儘早實現快樂、安靜的移民生活。這也不能說不對，這種精神驅使著他們去尋找新的東西，而且年輕的人往往要嘗試新的制度，要檢討過失，也要做出種種改變。

當前的美國社會，則缺少多元之下彼此刺激的現象。除了安德森之外，很多人曾指出類似的問題，檢討資本主義本身出了什麼毛病。最近三五年裏面，有十來本書在各方面提出同樣的困擾。安德森現在等於總結了很多人最近討論的精神狀態方面的問題——整體而言，美國是懶了、老了、疲倦了，安於現狀了。

美國還能如特朗普所願「重回偉大」嗎？

所以總統特朗普提出口號：我們曾是偉大的國家，我們要回到自己的偉大，回到曾經美國的強盛富足的巔峰。但是要回去，怎麼回去？為什麼過去達到了這一高度，而今天的美國眼看就要撐不下去？他不檢討，只是說我們要回歸榮耀。於是他下令把外人趕走，讓一些看不順眼的人不要進來；好的制度也不讓它執行，求公平的聲音不必管它。總體而言特朗普的意思是：讓美國關著門過一個安樂的日子，世界格局的問題美國不必管。特朗普認為美國曾經管得太多了，要收回來；美國為了維護世界秩序，確實背負了沉重的負擔，這是美國越來越窮的原因。但是他們忘記了，這種「義務」和「責任」，是任何做領袖的都要付出的代價——他只想要成果，不想要為此工作、付出。

這個狀態之所以出現，緣故在哪裏呢？每個移民剛剛踏上美國國土，都是盼望進了這個國家以後，可以共享這個國家的繁榮、富足、自

由、和平。「我們在那邊古老國家很辛苦，到這兒來享福了」——這樣的心態，我想是每一個國家的移民，不管哪個時期都如此希望的。早期移民到了這個新天地，沒有拘束、沒有限制。「我和平民一起打天下」，這是一種願意向新的方面看、願意拚命做、願意盡力去做，共同奮鬥的精神，這是新移民時代每一批移民都有過的願望、有過的決心。

現在特朗普將國門關掉，因為覺得進來的移民多得快要滿了。這個時候，曾經移民帶來的多元性就變成「擁擠」的壓迫感，強者也開始欺負弱者。現在美國的門已經要關了，不讓別人進來。我們已經有了完備的制度，不需要再改變什麼了，因為我已經佔了便宜。大概有一半以上的人說，這個制度我過得很好，何必改變？就不再願意去嘗試新的變化，也不再去檢討自己社會的問題。

二戰後曾經有過一段時期，美國吸收東方的思想，也大量吸收全世界的精英到美國，創造又一個輝煌的高峰。那時候這些外來的人口和思想，帶起了人們對精神境界的追求。但現在的美國，這種見賢思齊所帶來的良性刺激，所產生的美國人的自我激勵沒有了。

在美國所謂平等的社會之下，每個人都覺得「我有機會在這裏奮鬥」——但是奮鬥到一定地步，我該不該再繼續奮鬥？我的生活已經夠好了，我活得也夠舒服了，我有房子住，我有保險可以拿。但是他忘記了還有一批人在下面，被壓在下面從事著最艱苦的工作，待遇卻是最低的。這些就是社會差異化的現實，與追求平等的理想願望脫了節。

所謂自由，是指我有權利做我想要做的事情，我有權利拿自己賺的錢留給自己用。為什麼把我的錢拿出來給別人用？為什麼公權要約束我？這也就是支持共和黨的群眾的想法。他們就覺得，我們不需要拿自己賺來的錢交高額的賦稅，去造就很好的條件和大環境。

基礎設施的老化和證券市場的混亂

二戰以後的十年之內，美國鋪設了一套基本建設設施，道路、港口、機場、通訊等等都建設得非常周全。但從那時候到現在差不多七十年了，美國政府幾乎沒有再改進過去建設的鐵路網、公路網。因為資訊的發達、科學研究的需要，通訊網倒是有改進，但別的方面幾乎沒有改進，大家已經滿意於美國已有的這個基本建設。美國人不再往歐洲看，也不再往東方看。中國的高鐵已經建設了多少萬里，中國在整個國家內部縱橫交織的大鐵路網之外，還沿著一帶一路往西邊走，而日本的高鐵曾經是世界最快的。

但是美國似乎沒有看到東方這些年的變化。美國的機場是擁擠的，設備是陳舊的，班次也靠不住，種種亂象到了一種奇怪的地步。可美國人自己覺得不太難受，大家忍得住：我也夠舒服了，我不需要這個便利，我不旅行——或者坐飛機不舒服，我自己開車算了。這種精神狀態，就好像是一個人在錯誤之中產生病態反應：不想去糾正錯誤，只是窩在那裏。

比如說 2001 年那次大的經濟恐慌，是由於安然這個大型投資公司本身做假賬，賬目不清楚導致投資人的利益大受損害，拉垮了其他和安然有關係的公司，導致整個市場垮掉一次。2007 年的次貸危機更荒唐，貸款的公司或者銀行把已經貸款付清的舊案，或者已經爛掉、破掉的產業通通捆綁成一百件、二百件一包，重新進入市場整批整批地買賣。這個事件相當於是一包水果，從外面包裝看裏面的橘子、蘋果都是好的，打開一看全是爛的。市場不問打開來的內容是什麼，就拿它當成商品來進行交易。哪怕它不符合商品的標準，只要有一個欺騙性的包裝，銀行就承認它是商品。

這種事是不應該做的。資本主義社會信用第一，沒有信用就錯了，故意犯錯就是罪惡。可這兩次都是蓄謀之下犯了致命的錯誤，以至嚴重影響到國家的經濟、金融市場。其所反映出來的問題，是美國內部缺乏有效的自我監督的制度，也沒有自我檢討的制度，更沒有法律的監管。

　　今天的市場投資更可怕的是，在一個證券市場、債券市場上，證券和債券市場合併在一起做投資。債券是借錢，證券是投資，它們漲幅和跌幅是倒過來的。你可以在市場上收攏足夠資金的話，就不用去借錢。債券跌價的時候是證券漲價的時候，在證券跌價的時候，是借錢來過日子，債券就漲價。有些美國人在對沖基金或者避險基金運作的時候，前一分鐘拿大量的資金買多多的債券進來；等到債券漲了，證券就跌了，再賣出債券買入證券，兩頭都賺。忽然看見債券跌了，證券漲了，他就趕快買回債券，把證券漲出來的部分賣出去賺這筆錢。如此這般，似乎投資者可以立於不敗之地。可是實際上這都是投機取巧，這種行為是不正當的、不應該有的。

　　但是，全世界資本主義國家金錢最終的掌握者——比如說美國大概有幾十家最早的富人，被稱為「波士頓婆羅門」。如前所述，這些家族的財產信託，普遍都有一個財團法人叫共享資金。家族內部的子弟，比如說洛克菲勒家族等等，每年從基金裏獲得夠他生活費用的一筆數目，餘外的一大筆錢也不分割繼承，一直在市場上投資獲利。這個數越來越大之後，美國的經濟實際上 80% 以上都被這些少數的大財團控制了。他們擁有種種關聯企業——銀行、保險公司、金融公司，他們還擁有很多新興產業。任何新的公司出來，新的產品出來，都有風險投資（Venture Capital）去幫他們創造新事業，他們永遠立於不敗之地，財富從此不再有重新分配的可能性。這個現象就造成市場上出現一種怪異的狀態：資本主義不再是將本求利，而是有錢人永遠用錢生錢、用利滾利。

二十世紀初，洛克菲勒基金會在中國投資興建了包括協和醫學院、燕京大學在內的十幾所高校，深度參與了中國近現代化的進程。圖為司徒雷登（左二）與燕大教職工合影。

在我們外人看來，資本市場每天漲多少、跌多少，以為這是真實的情況；其實不是的，背後就是資本操縱——如同一大缸的水被人為運作，這邊落潮，那邊漲潮。這個金錢遊戲，就像是一個魔術師拋瓶子，所有的瓶子都在錢框裏，沒有在他手裏。五六個瓶子他也可以一路拋、連環拋，但實際上一直不離手，這是一種遊戲。但遊戲後面，是每個人真實的儲蓄，放在銀行裏讓他來玩弄。

像我們退休的人，退休的救濟金全是放在大型基金公司裏，基金公司要靠市場運作賺了錢分配給我們。於是老的人越活越長，領了保險金足以保障生活。像我 90 歲了，還繼續在領保險金。但這一制度之所以能夠維持，其前提是不斷有後來者加入，猶如「老鼠會」。後面來的小「老鼠」如果不拿出保險金參與這一運作，基金公司永遠付不完給老一輩退休人每個月的月金。

這種資產的分配越來越不平均，越來越有差異。年輕的人很難找到工作，除非他運氣好。如果找不到工作，其領取的救濟金僅供餬口。還有每天菜市場上到了黃昏有許多賣不掉的東西，放在後門口供人取用——美國許多窮困人口，就只能靠這樣的方式維持生活。

很多人就靠救濟金加上食物銀行，滿足生活的基本需求；其中多數人整天閒閒散散，每天吃得飽飯，有一瓶啤酒可以喝喝就夠了。這些人不再追求長進和進步，這個就是當前的資本主義制度，結構上發生僵化失調的狀態。

「賺錢」與「致富」，本身是資本主義最終極的目標，也是永遠存在的目標。但賺了錢之後，怎麼分配是一回事，怎麼公平分配又是另外一回事。怎麼一代一代將財富傳承下去，把負擔永遠放在新的市場，就更是另外一回事。這些問題都沒人追問，這些是資本主義制度結構上大的毛病。

兩派黨爭，並未面對國家真正存在的問題

二戰以後，中國的儒家、道家思想及印度的佛教、印度教等等思想傳入美國，刺激了至少兩代人，比較肯從理想的狀態去想問題。但現在這些擁有好奇心，願意尋求精神境界的安寧和公平的人越來越少。今天的年輕人很少有人願意從精神層面思考人生和國家的現狀，很少有人願意從組織層面、制度層面思考國家制度的缺陷在哪裏。而美國為了擁有、掌握更多財富，它必須要擁有霸權。但經濟上的霸權，是要靠軍事上的霸權撐下來的——「我是老大，我有武器，聽我的話，不聽我的話就走人」。

維持這種霸權的巨額開支，本身也是非常浪費的。美國要在軍事上維持霸權，就要不斷干涉別的國家內部的事情，不斷干涉族群之間的糾紛。為了維持霸權的存在，必須要不斷發明新的武器，要有更多的裝備和軍人，維持更有效、更有殺傷力的武裝部隊。這種巨額軍費的支出，在過去的美國不會有那麼多，但現在越來越多了，每年都要更新武器裝備。單就美國空軍的戰鬥機、轟炸機來講，就有幾萬臺裝備沒用過卻已經報廢，每年都有更好的設備、更好的武裝供應給軍隊。

美國的國家債務，最大部分花費在干預他國，其次就是用在武器的不斷更新上，為了維持自身的霸權。這種情況是叫人比較傷心的。

那麼，我們可以進一步思考這些相關問題：當前的這種局面究竟能不能改變？我認為應當是可以改變的。但就目前美國的政治制度而言，國家的公權力還是最強大的。要改變現狀，首先要改變公權力的結構，若這個層面不能改變的話，別的層面就不可能改變。但是，美國的公權力掌握在有錢人的手裏。

他們最願意維持現狀，也最願意拖下去。像這些年，兩個黨派的競

二戰以後，中國的儒家、道家思想及印度的佛教、印度教等等思想傳入美國，刺激了至少兩代人，比較肯從理想的狀態去想問題。圖為行走在美國鄉間的「披頭士」。

爭基本上沒有真正地檢討國家面臨的問題的根本所在，沒有新的改進，沒有新的基本建設的提議，也沒有在教育制度上怎麼樣做進一步發展的規劃。兩邊只是就空洞的問題在爭吵，「形象、行為、作風」都是爭吵的主題，這是叫人非常傷心的問題。

問道

許先生

王原，中國古動物館館長，古生物學家，中國古脊椎動物與古人類研究所研究員

王原：匹茲堡是美國「鐵鏽帶」的著名代表城市，被稱為「鋼鐵之城」，曾深受工業外遷轉型之苦。您覺得現在美國政府呼籲的「製造業回流」，能否在短期實現？

許倬雲：我 1970 年到美國的時候，正好見證了匹茲堡鋼鐵業的落日餘暉。清晨或者下午抬頭看，半邊天是紅的；晚上看，滿天都是紅的。鋼鐵爐燒得滿天紅，牆都是黑的。

那個時候是匹茲堡最鼎盛的時期，所見的景象代表了資本主義工業生產力的很重要的背景。老闆出錢辦工廠、買機器，工人在生產線上勞動，白領階層（也就是管理人員）是老闆和工人之間的中間站。白領和藍領其實都是老闆的僱員，但他們的待遇相差很遠。藍領靠技術，依靠雙手幹活，白領靠管理經驗和知識謀生。當時，美國的工運正好處在盛極而衰的時候。工人要罷工的話，全國生產就會停擺。我看到過工人們自發地組織起來，向資本主義的老闆去爭取更好待遇的盛況。

等到後來的工業自動化，以及現在的人工智能化出現，計算機科學把生產流程切割成無數個小段，每個小段由特定的機器生產和

控制，工廠裏的藍領階層開始消失不見了。現在，藍領階層的兒子甚至孫子已經開始進入職場。藍領階層是老輩，可以拿到工會給的養老金；兒子可以提早退休，但得不到太好的待遇，要靠貧窮救濟金和社會福利金生活；孫子沒有機會進入最好的大學讀書，最多讀個社區學院。他們三代人的腦子裏都還記得當年的盛況，當年工人了不起的歲月。

這個情況造成今天的美國社會上，有一大堆被遺忘的人口。他們在二十世紀五十到八十年代的勞作，曾經為美國工運帶來第二大高潮。如今，擔任藍領階層工作的人越來越少，剩下一大批人永遠要失業。這種三代人都面臨失業的局面，會產生很大的社會問題。另外，現階段年輕的專職人員薪資最高、工齡最短，未來這批人也很快會老化。

匹茲堡垮在哪裏？當年瑞士、瑞典、日本出的鋼鐵是半自動化生產（剛剛到半自動化階段），運到匹茲堡鋼廠門口，比匹茲堡本地生產的鋼鐵還便宜 25%。所以，特朗普說要把工廠搬回來，是不可能的事情。老工人即使願意回來，也無法適應現代機器的自動化，而且工廠也不需要那麼多的新工人。

1957 年，我第一次來美國坐的是四萬噸的貨輪，船上有三十來個船員。今天是貨櫃船，可以裝二十五萬噸，只用十個工人操作就可以完成所有的工作。可見資本主義已經發展到什麼樣的地步，美國是自己把自己打敗了。

特朗普不懂得現代工業的演化是一步步加速的，非常快。將來進入工廠可能都看不見人，只能看見機器在幹活。一臺機器很貴，折舊率很高，因為新機器出現得越來越快。

特朗普以為美國可以再回到當年的局面，其實已經不可能了。

過去已經一去不復返，而且也玩不起，除非改變社會結構。我在引言部分已經講了，在工業轉型時期，老工業區和舊有生產模式已經死得透透的。可悲的是，美國在兩次工業革命的進步之後，第三次工業革命把前兩次的成就外包出去了，把經濟真正的基礎外包出去了。

美國為什麼能撐這麼久？因為它把金本位、一籃子貨幣打掉，然後建立了美元霸權。美國靠二戰後一枝獨秀的生產力和資本，既有力量又有錢，獨佔了世界經濟的一大半以上，有權隨便印發鈔票。美國當年的老本家累積的數目巨大，背後是很多看不見名字的財團。他們很多的下屬企業註冊在開曼群島，這個小島上有兩條街，每個門口都掛著二三十個招牌，都是公司總部，沒有幾個人管理，但是可以逃稅、逃避管理。這種現象，是很奇怪、很魔幻的資本主義現象。

二十世紀七十年代的美國工人是很能幹、很負責任的一群人，但他們如今成為「窮民而無告者」。他們可以領工會的保險金、救濟金、社會福利等，能夠過一個大概比今天大多數國家普通人的生活還高出那麼一點點的生活。但沒辦法再繼續提升生活質量，他們也不需要。他們只要一杯啤酒、一塊牛排就夠了，吹吹牛、晃蕩晃蕩，懷念一下當年的好日子。這些人是特朗普的擁護者。從來沒想到，當年遺留下來的工人階層會變成共和黨的基本票倉，這些人就是今天我們說的窮白人。

窮黑人有政府管，窮白人沒人管，這是將來美國的亂源。

周航：最近，在中國不管是官方還是民間，都把目前急轉直下、全面衝突對抗的中美關係歸咎於美國，您對美國自身的問題也談得比較多。相比美國存在的問題，我更關心的是中國該怎麼辦？以及，中國作為一個快速上升的大國，過去、現在和未來，我們有哪些需要反思和調整的地方？

許倬雲：中國有一個很大的本錢，那就是文化的本錢。文化本錢有一個很重要的部分是重視知識、重視理想，而且知識分子不是為錢而工作，知識分子是為用自己的理想去幫助社會的其他成員一起走到理想的大同世界而工作。這是自古以來中國知識分子的傳統。美國的專業人員教授法律知識是為了掙錢，教授管理知識也是為了錢，甚至教授歷史知識也是為了做教授——基本上美國教授的工作不重，待遇還不錯。中國知識分子「以天下為己任」的理想是不一樣的，這是中國的本錢。

至於中國目前的問題，從 1949 年到現在走過好幾段。最大的轉機是鄧小平主導了改革開放，把整個社會的狀況轉過來了。如果沒有他當年的工作，中國不可能有後面的快速發展、崛起。我相信總還有一些有理想的人願意以天下為己任，開拓知識也罷，管好天下也罷，最好他能先處理好自己內心的問題。身為一名知識分子，我們不是為了社會工作，也不是為了外在的職業而工作，我們的工作是為了讓自己的心有安頓的地方。這些人在的話，中國就應該有希望。這些人會想問題，會提出問題，最後把問題留下來給別人思考、研究。這一代人沒能解決，第二代總有人接下去繼續往前走。

我腦子裏思考的問題，從二三百年前就有人想過了。我是無錫

人，無錫東林書院的風氣、東林學者的遺訓猶在。我們輔仁中學的學生，就是東林之後一代又一代人的子孫。中國學術界這一百年裏面，知識分子做官的比例很小，純粹學人佔的比例很大。很多人像我一樣承受過去留下的擔子，寧肯死也背著擔子。這是中國最大的本錢。

宋冰，博古瑞研究院（Berggruen Institute）副院長、中國中心主任

宋冰：有這麼一個觀點，美國兩黨輪流執政制，沸沸揚揚、透明度極高的輿論和選舉過程，也是民眾極端情緒釋放的過程。不管怎麼鬧，它的政體是穩定的。中國自古以來就沒有擺脫改朝換代時的大震盪和亂局。您覺得這個說法有道理嗎？如何擺脫大起大落？

許倬雲：四五千年的歷史記載裏，中國大一統政權在歷史裏面多次改朝換代，但這麼大一個中國沒有散掉，是很了不起的。散掉了又重聚，就因為中國內部有彈性。美國的歷史很短，從建立殖民地開始到立國，再到現在才二百四十多年。也就比封建社會階段中國長的朝代短一點，比短的朝代長一點。美國制度的穩定還沒有經過足夠時間的考驗。

美國面臨的第一次考驗，是各個殖民地要不要結合成為一個統一國家；第二次考驗是南北戰爭，打完以後是統一還是分裂。現在，美國文化上、經濟上已經分割成三塊：東北邊一塊、西南邊一塊、中間一塊。這三塊人群的成分不一樣，思考的方式不一樣，著重點也不一樣。不僅僅是經濟制度上的分割明顯，連城市形態、飲食習慣都不太一樣。所以說，美國將來有可能分裂成三塊。

中國歷史上的改朝換代，有一大半是外來侵犯導致的，現在中國終於把外來侵犯者趕出去了，本土部分始終沒散掉。中國本土和四周區域性的差異相當大，但各地有一個共同點——基本上中國沒有獨佔的信仰。儒家並沒有獨佔性，儒家接受佛教，並刺激了道教，儒釋道的發展裏是一次一次的相互轉換、一次一次的相互接受，每次都有彈性來修整。

雖然中國文化的底盤始終可以改變，但是中國文化本身大的格局不會大變。為什麼不變呢？因為中國擁有四通八達的道路系統。中國的道路系統從秦始皇時代建立的三橫三縱，一直發展到今天的七橫六縱，這個大的道路網絡不但是財富、商品轉流的通道，也是人才周轉的途徑。農村的財富經過都市轉到管理階層手中，管理階層的文化經過道路影響農村。

改革開放以後，中國開始大規模修路。路修好以後，就把中國各個地域拴在一塊了。除了道路網絡，大的網絡還包括思想流通的網絡、觀念轉移的網絡、商品周轉的網絡、人才周轉的網絡，基本上都是一個邏輯鏈條。所以，中國的特殊點，就是社會、經濟、文化、人才都是用同一個大網框在一起。這個大的網絡就像一棵樹籠罩在中國的頭上，有它在，中國不會散。

當今世界的領導權在哪裏?

中國人構想的這個大同世界裏面，沒有裏、沒有外，沒有大、沒有小，整個世界統一在一起。中國歷史上所主張的大同世界，應該是超越霸權的。

這一講我想探索當今世界的格局，及其領導權的問題。現在牽扯到的是兩個觀念：一個是我稱為中國傳統的「天下觀」，一個是列國體制的「霸權觀」。這兩個觀念是不同的認識世界的角度。

人類歷史上的「大同世界」觀

　　像中國傳統的天下國家觀念，是從個人到全天下的一個不斷擴大的同心圓結構，擴大到最後是全世界一體。最終實現的這個理想世界，就是中國所謂的太平盛世、大同之世。我所說的「普世天下觀」，用英語講叫「ecumenical order」，是普世大同的意思。這種觀念在其他文化圈中也存在，但是不太一樣。中國的文化裏面所說的天下大同，是一個人際關係不斷擴大的圈圈。從人類個體本身，到家庭、鄉里這樣最小的團體，再到國家這種更大的團體，再到國家四周邊疆地區這一更大的範圍，這個同心圓結構進而還能擴展到全體人類甚至整個宇宙。這些層次，都是圍繞一個同心圓一圈圈套在一起的。

　　在人類歷史上，這種全世界共同一體的宇宙觀並不常見。在中國，它也是逐漸形成的。從「天地或者天代表整個宇宙秩序」這個觀念產生以後，到董仲舒的《春秋繁露》出現，才最終形成整個大宇宙、小宇宙一直到人類個體生命，一層層重重疊疊套在一起的同心圓結構。在《禮

記‧大同篇》裏面，我們見的就是最外圈的「世界大同」思想。

這個圈子裏面，我們並不希望有霸權，也不希望有王權。王權最高的境界，是沒有王來決定國家的秩序，而是由老百姓自己決定，由天然的秩序來決定。這種想法非常崇高，但也非常玄，代表人類一種最高的理想。所以說，大同世界的理想並不容易實現。《禮記‧大同篇》裏所說的大同世界，先王都沒有做到——中國的先王時代被認為是理想時代，連這個時代都沒有達到如此境界，可見這個境界幾乎可望而不可即。但正因為可望而不可即，我們更嚮往於那樣的世界，盼望那一天降臨到我們人間。

那麼，在佛教裏面也有類似的觀念：最後的淨土。佛教裏面所說的淨土，超越了現代的俗世、離開了俗世。我們有兩種理解辦法：拿俗世當作小圈圈，而淨土世界就是大圈圈；或者把淨土世界與俗世看作兩個境界，跳過俗世才能進入淨土——要進入淨土世界，心靈純淨是最大的條件。

同樣，基督教裏也有類似的這種「大同世界」。天主教建立了以天主教秩序為神權、羅馬為霸主的霸權體系——但這並非天下觀，而是霸權觀。羅馬帝國征服了周圍的族群，羅馬的軍隊駐紮在各處，當地領袖就只能聽羅馬的話，各處資源也只能按照羅馬人的意願分配。"我們需要什麼就拿什麼"，這就是霸主的心態。天主教的秩序又籠罩在羅馬帝國之上，被信教的蠻族接受了。羅馬世界之內的權勢階層認為，神以祂的神恩給了羅馬世界以和平。

這個觀念和結構，與中國人所主張的大同世界不一樣。西方基督教觀念之中，是有一個霸主領頭的，而中國人構想的這個大同世界裏面，沒有裏、沒有外，沒有大、沒有小，整個世界統一在一起。中國歷史上所主張的大同世界，應該是超越霸權的。中國的大同世界思想在其他的文化圈裏

《禮記·大同篇》裏所説的大同世界，先王都沒有做
到——中國的先王時代被認為是理想時代，連這個時
代都沒有達到如此境界，可見這個境界幾乎可望而不可
即。但正因為可望而不可即，我們更嚮往於那樣的世界。
圖為上海博物館藏戰國楚簡《禮記》（局部）。

面也有類似的，剛才所説的佛教裏就有類似設想，但是完全脱離世俗。

又比如説，希臘神話裏面神的世界，神在天上、在奧林匹克山頂上，與我們人間距離很遠。神偶爾干涉人間的事，但是人和神是屬於兩個不同的境界。波斯文化裏也有天下觀，與中國的天下觀有點類似——他們認為人類經過光明—黑暗—光明這樣一層層不斷的變化和提升，才能最終達到徹底的光明。

中國的天下觀是相當俗世的，就是理論上在人間可以做到，不必牽扯神的信仰。中國宇宙觀裏面的世界，是把地球上的人乃至整個宇宙全部涵蓋在一起的大圈子。這個世界不需要王者，不需要霸者。應當是由自然秩序達成的和諧，令人各盡其能，從而實現人與人之間關係的和諧。要實現中國所主張的「大同世界」，我們先要讓自己站定了腳跟，再幫助世界各族以及遙遠的地方的同類，進而聯合整個人類走向大同世界。

西方歷史上的「霸權主義」

剛剛講羅馬時代所謂的大同世界，在西洋文化裏從羅馬時代一直到今天，是西方人理想之中的世界。雖然羅馬世界後來緊跟著基督的世界，而基督的世界是全在的、普世的；但這個普世世界沒到達以前，本身是神的世界。相對應的人間世界就要有一個霸主，在羅馬世界的霸主就是羅馬帝國的國王。到後來列國鬥爭的時候，有個神聖羅馬帝國。教皇在大的國家裏面挑一個出來領頭作為霸主，第一個得到稱號的是法蘭克王國的國王查理曼大帝，他被教皇利奧三世加冕為「羅馬人的皇帝」，成為基督教世界的保護者。這種神聖羅馬帝國時期被加冕登位的皇帝，產生於許多俗世君主之間。他們需要特別得到神的恩賜，才能獲

法蘭克王國的國王查理曼大帝（Charlemagne，742—814），第一個被教皇利奧三世加冕為「羅馬人的皇帝」，成為基督教世界的保護者。圖為查理曼大帝加冕題材的畫作。

得擔任全部基督教世界領袖的地位。

在神聖羅馬帝國的體制之內，雖然是選舉制產生霸主，但實際上三大軍閥集團——法國集團、西班牙集團、日耳曼集團，這三個集團哪個力量比較強大，就被擁護為神聖羅馬帝國的皇帝——這就是選舉制推選出來的王者。這種制度有它的好處，大家憑實力輪流做皇帝，不至於老是固定在一家。這種神聖羅馬帝國的霸權行使於中古以後，歐洲人往周圍爭奪領土，進而從海上對外擴張。

以西班牙和葡萄牙為代表的海盜集團、海商集團，他們在一個地方登岸以後，聲稱自己以神的名義統治並解放了這片土地。於是乎，這片土地被納入人類的同盟世界。從根本上而言，這種方式是擴張性地拿羅馬帝國的中心觀念，用於海外領土的擴張，其實是和過去的羅馬帝國時代很不一樣的。英國人變成霸主以後，神的名義就慢慢退後了。英國帶來的商品、資本主義和國際貿易，構成了現代世界的基本規則。這套國際貿易掠奪資源、掠奪市場的資本主義經濟侵略形態，變成了西方世界區域經濟的一個特色。

在西方人建構的這套世界體系裏，必須要有一個霸主，掌握最大一部分的資源。它要有能力把握住歐洲本土的市場，及歐洲以外各地的市場，最好是把歐洲以外地區的信仰也納入基督教世界之內。最後人類的共同文化，實際上也就是以西方文化為標準和主導，作為共同世界的價值標準。

西方人這種擴張的思路和想法，與中國理想的大同世界有些部分是相同的。他們對外擴張的過程是人為推進的，推進的方式是首先實現經濟秩序的統一，就是這個「ecumenical order」。在西班牙帝國的霸權轉移到大英帝國之後，整個世界經濟秩序，就靠這套西方孕育出來的經濟制度作為世界市場的共同規律。

今天的全球貿易體系如何形成？

那麼我們當前的世界經濟是不是有統一的格局存在？實際上一戰後，全球經濟一體化就開始了——更早一點從海路開通以後，世界各處之前互相不知道的地方，慢慢開始融合、交往、發展貿易。中古以後，東方和西方之間的直接聯繫主要依靠航運。中國的瓷器輸送到紅海，然後轉運到歐洲各處；或者從海上繞過非洲好望角。到了大航道開通的時候，人類的商船才進入大西洋。

近一點也可以從印度洋開進去，商品走波斯灣上來以後向西輸送。在中國而言，這就是所謂的海上絲綢之路和陸上絲綢之路，如此貿易路線總共有四條。這種航道和陸上商業路線的存在，已經將世界各處聯繫在一起，可是並沒有完全讓世界各處的市場都統一在同一種經濟秩序下。

這全球統一的資本主義經濟制度，到近代才在歐洲發展出來。這個制度怎麼描述？舉一個例子：生產中心產出的商品要到外面去賣，外面的生產資源、原材料要拿進來——原材料被加工成商品，其價值就高很多。一個是將資源變成商品，一個是將商品推向市場。這兩個環節都有問題需要解決：一個是遠程的航運和遠方市場的推廣，一個是這種長距離、大範圍的商品貿易要共同遵守的一些規則。比如說，遠離自己母國，兩個不同國家的商品碰到一起，大家要遵守同一種貿易規則才能達成交易。不能說按照你搶我的、我搶你的這種海盜模式，這就不是真正的市場經濟規則。所以這套經濟規則、運作規則的逐漸形成，花了很長時間。

這套規則最早形成，大概是在意大利那幾個航海的城市之中。他們航海的範圍最初僅在地中海內部，然後才經由兩個口岸輸送到周邊的歐洲大陸去。意大利這幾個重要的口岸，慢慢就形成了國際貿易的商業規

我們沿用至今的、全球統一的資本主義經濟制度，最早大概是在地中海沿岸幾個意大利的航海城市之中形成，然後才輸送到歐洲大陸。比如美第奇家族的銀行，幾乎掌控了當時佛羅倫薩的經濟命脈。圖為波提切利為美第奇家族所作名畫《維納斯的誕生》。

則和模式，比如銀行中心、行業聯盟，以及船商集中買賣或運輸總部的東西出去銷售這一套批發制度。

遠洋航海貿易，需要經歷難以預測的風險。若是能夠成功回來，就是一本萬利的買賣，回不來就是血本無歸。這時候在英國倫敦，發展出海上保險業務。貿易船隊出國以前，可以購買一份保險。回來以後，如果虧本了，之前購買的保險裏面可以承擔一部分風險。這共同保險的利益在哪裏？許多外洋貿易的商人合在一起，互相承擔風險，因此遠航失敗導致的公司破產的情況就少了。

第三個制度是匯率制度：由哪一種貨幣，作為不同國家間共同使用的基礎和基準？最常用的共同的貨幣標準，是貴重貨幣比如金銀，還有更貴的寶物像珠玉、象牙、藝術品等等。除了金銀這兩種貴金屬多多少少本身具有一定的特點，比如不會鏽爛的這類特質以外，很難找到其他天然物品具有不壞的特性。所以，國際貿易的貨幣標準，逐漸從金、銀等貴金屬，轉變成以金銀貨幣為基準。

各國貨幣之間的比價方式，比如大家同樣用七點二錢銀子做成了一個貨幣，其價值可以視為相同。上面圖案怎麼樣、是誰做的都沒關係，只要重量到七點二錢，它就成為貨幣單位。這種原始的計量方式，是以一個貨幣本身的價值來作為它的價格保證。貿易中大家都使用共同的貨幣，商品的交流、利益的計算、成本的計算，就都可以用同一貨幣計算了。這種時候，就出現了新的秩序。「ecumenical order」不再是天然秩序的核心，而是大家都能遵守的經濟世界的共同秩序。有大家尊重、承認的共同貨幣，在這個基礎上大家的商品和資源就能共通、共享。

金、銀等貴金屬在很長時間內，被作為世界貿易中貨幣的標準。等到後來發展到了一定程度，法國的法郎、德國的馬克、英國的英鎊變成世界性的貨幣，英鎊佔領導地位的時間最長。等到近代世界，我們發現

二戰以後，建立了以美元為國際貿易中心的布雷頓森林體系。到現在，美元作為世界儲備金的地位依然穩固。圖為 1944 年，在美國新罕布什爾州布雷頓森林舉行的聯合國國際金融會議現場。

　　　　　　　　　　　　　第五講　當今世界的領導權在哪裏？

新的商業生產者，比如北美大陸的美國、東方的日本也進入全球貿易網絡。英美在各方都有其市場和代理商，俄國也有代理的銀行在各處運作，究竟以哪一個貨幣做結算的標準呢？沒規定。

很久以前，世界貿易就是以貴金屬本身的價值為結算標準。後來慢慢地只以重要的貨幣作為參考，但沒說是一定以哪種貨幣作為唯一的參照標準、結算標準。一直到二戰以前，大家逐漸走向以黃金儲備作為發行貨幣基本金的制度。這種制度之下，一個國家的貨幣發行量與其黃金儲備是等量的。該國貨幣信用面臨下跌的時候，國家可以拿若干黃金到市場回購貨幣，這就保證了一國貨幣價值的穩定。但實際上，從來沒有哪個國家真的以黃金儲備到市場上回購貨幣——讓別國知道自己手上有可以兌換貨幣價值的黃金就夠了。進而，二戰以後，貨幣制度從金本位逐漸轉變到多種貨幣、一籃子貨幣（Basket of currencies）的模式。這個模式之下，只有具備經濟實力的國家才有資格參與，一旦參與也就意味著這個國家的國際地位提高，在國際事務中發言權增大。

後來，大家還是覺得這種模式不夠方便。二戰以後，建立了以美元為國際貿易中心的布雷頓森林體系。到現在，美元作為世界儲備金的地位依然穩固。這種國際貿易的貨幣制度，發行貨幣的人佔了便宜。既然沒人限制美元的發行量，等於美國有無限的超額印刷貨幣的權力，這本身就佔了優勢。哪個國家的貨幣變成世界貿易結算標準之一，或者成為唯一的標準，都具有特殊的意義。這就是二戰以後新經濟制度下，形成的當前世界格局的特殊形態。

特朗普對中國挑起貿易戰，就是認為美國的地位受到了挑戰和威脅。他認為美元作為全球貿易唯一的結算貨幣，美國全球霸主的地位，這都是美國應得的，這些是美國應該繼續保有甚至應不斷鞏固加強的——他所有的想法都是從這個角度出發的。

蘇德辰，中國地質科學院地質研究所研究員，自然資源部首席科學傳播專家

蘇德辰：羅馬帝國、大英帝國和美國，分別成功領導了一個以自身實力為基礎，以本國價值觀和文化為合法性支撐的世界等級體系帝國。結合這次疫情在美國的蔓延情況來判斷，美國還會保持領先多久？中國在未來能夠獲得類似的世界領導權嗎？

許倬雲：羅馬帝國不能算世界霸權，它在教皇的支持下才佔領了歐洲的西半邊到巴爾幹半島的半邊，一直到希臘半島。大英帝國的霸權，是個遍及全球的網狀結構。雖然屬地很多，但每個地方靠貿易路線上的基地——比如中國香港、孟買、好望角來連接，一路靠著這些貿易路線上的基地實施它的霸權，基地的後面是軍艦，軍艦上面架著大炮。大英帝國在剝削中國經濟的時候，也是在上海、漢口、廣州、廈門、重慶、威海等地設立一個個的據點，大英帝國的霸權並不是全面的、整體的覆蓋。

　　真正算得上世界性霸權的，是美國建立的這套體系。美國之所以能崛起進而稱霸全球，也是因緣際會。兩次世界大戰，導致老歐洲的傳統強國英國和德國兩敗俱傷。二戰以後的冷戰時期，美國成立聯盟與蘇聯對抗，北約國家和華約國家對峙了很久，最後硬是把

蘇聯拖垮了。於是，美國終於實現了一枝獨秀的霸權。

從柏林牆垮掉到現在已經三十年，美國在這段時間裏如日中天，但也浪費得很厲害。用《紅樓夢》裏的話說，外面看上去花花哨哨、沸沸揚揚，內裏已經空了。舉一個例子，美國國會預算辦公室公佈 2020 財年的債務總量，已經達到國內生產總值（GDP）的 98%，2021 年還要增加許多。美國人到哪裏找錢去？印美元，因為美元是世界貨幣的標準。

美國欠的債，讓全世界一起來還，這種狀況合理嗎？持久嗎？從這一點來看，美國這個經濟體、政治體已經搖搖欲墜。美國已經把日本經濟體毀掉了，德國的經濟體也幾乎被它毀掉了；英國的經濟體依附在美國身上，但後來美國在幾個重要的關口撒手不管，英國也被拖垮掉了。美國在全世界靠拖垮或壓垮他國來維持霸權，這樣的霸權是不能長久的。假如現在的總統特朗普再當選的話，美國在他的第二任期內就可能垮掉。美國如果垮掉，會是什麼樣的局面呢？它欠了世界各國太多的債務，全世界的經濟都會被拖垮。

所以中國要做好準備，要穩紮穩打、踩穩馬步。到世界經濟大崩潰的時候，只要中國能夠獨立站起來、站得住，只要能多站半年，就有資格整理全世界的經濟亂局。我認為中國過去最大的錯誤，是糧食不能完全自給自足。什麼都可以缺，就是不可以餓肚子。現在的中國土地不能不要，糧食不能不要。認識到這個問題，這幾年改正還來得及。

寧毅，北京大學美年公眾健康研究院執行院長，哈佛大學公共衛生博士

寧毅：現在中美在很多問題的認知上都存在巨大的差異，似乎這樣

的差異很難在短時間內解決，中美關係的未來其實是蠻令人擔憂的。在您看來，作為世界上最大的兩個經濟體，中美關係在未來三年、五年甚至十年能否改善，還能不能好一點？

許倬雲：我對中國有期望：惡人不由我做，關係不由我來破裂。哪怕是中美關係一定破裂，罪不在我，過不在我，我不做壞人，我盡力維持和平。我希望中國能盡到一個世界大國的責任，不做破壞世界的事情。中國自己不要先出頭來與美國硬幹，這個是很重要的。我希望中國寧可話少說兩句，對罵沒多少意思，也不能解決當前的問題。不過我相信中國作為一個大國，是有自己的原則和底線的。

郝景芳，童行學院創始人，科幻作家，第七十四屆雨果獎得主

郝景芳：修昔底德陷阱（指一個新崛起的大國必然要挑戰現存大國，而現存大國也必然會回應這種威脅，這樣戰爭變得不可避免）的本質核心是什麼？是否可以避免呢？

許倬雲：在一個猴群裏，猴王到了一定的歲數後，會有一隻年輕猴子來挑戰牠，把猴王從最高的位置推下來，整個猴群會把收穫到的食物先供奉給新猴王。猴群裏永遠有戰爭和更替，不可避免，這是從老猴王到新猴王之間的「修昔底德陷阱」。

在人類歷史中，修昔底德陷阱只發生在一個族群裏，那就是雅利安族。雅利安族是戰鬥部落出身，他們是四五千年前在高加索地區養馬、蓄馬的民族。此後這個地區不斷地出現在馬背上過日子的戰鬥民族，高加索人種（白人）就是其中的主幹之一。這個民族是

以掠奪、爭鬥、武力壓服來獲取生存資源，而不是以生產耕作獲取生存資源。他們所過之處，城市變為廢墟，當地的老百姓受到欺壓，被抓去做奴隸、做妻妾。另外一個高加索人種在現在的印度。印度在古代歷史的前半段，是南方矮種為主的族群結構。《羅摩衍那》和《摩訶婆羅多》兩部史詩記錄的就是北方侵入的高加索人種，征服南方矮種時發生的若干故事。戰爭裏面都一樣，到最後二號英雄一定會推翻一號英雄。

其實，修昔底德陷阱並不必然出現。歐洲史並非整個的世界史。在中國的戰爭裏，二號和一號之間常常在感情上維持非常堅固的同盟關係，關公絕不會挑戰劉備，徐達絕不挑戰朱元璋。

施展，北京大學史學博士，原外交學院教授、外交學院世界政治研究中心主任，現為上海外國語大學全球文明史研究所教授

施展：請問許先生，您如何看公民權利與國家主權的關係，它在國際上和國內有什麼差異？

許倬雲：主權是很重要的課題。從歷史來看，西方的霸權是以城邦制度為基礎的。許多獨立的城邦，通過推選決定誰來做頭。比如希臘共同體以雅典為主，哥林多、斯巴達是挑戰者。兩河流域開始就有城邦制度，到希臘時期已經有相當長的歷史。實際上到近代國家正式出現以前，歐洲始終是小集團的聯合體，但上面要加個框架——就是神聖羅馬帝國。神聖羅馬帝國的形式類似於加盟體，加盟體內常常會有鬥爭，之後強者成為盟主。印度國內過去也有很多城邦，到了中東的西邊，城邦就不多了。中國基本上到春

秋以後，就沒有城邦了。中國歷史上的春秋以後是國與國之間的關係，相當於歐洲近世的國家，雖然沒有以民族為號召，實際上各國是有一些語言、文化上的小的差異。中國在戰國時期就出現了主權國家。

一個政治體能否成為主權國家，要看它裏面的成員服從的君主（或其他類似權力）的命令是怎麼來的。是與生俱來的，還是經由其他方式實現的？例如在美國要取得公民權需要經過歸化，不是自然在美國出生的人，要經過法律規定才能取得美國國籍。這是雙方面的接受：公民方面願意接受國家作為他的母體，國家方面願意接受新的人作為它的成員。

這時候，公權力是不約而定的一種主權的約束。公權力裏面的一些規定通常以法律形式呈現，法律在民主國家就是由合法的立法權代表人民制定。換言之，法律就是人民和國家定的契約。加入了契約、宣了誓的國民就可以享受公民的權利，同時也應盡公民的義務，就此成為共同體裏面的一部分。主權國家的公民與主權國家的關係是先天定的，你生在哪個國家就取得哪個國家的公民權，你就是履行契約的對等體。這個契約的兩邊，一邊是主權國家，一邊是民權、是老百姓。

但城邦就不同了，城邦是要靠有能力的國家作為盟主來保護、來號召大家。主盟的國家能夠負擔大部分國王的責任，也能保護公民在城邦集團以外地區不受欺負。這與主權國家的公民權不完全一樣，是間接的，中間隔著一個本來的母體。城邦聯盟的主盟者，並不能完全要求會員城邦、加盟城邦的公民一定遵守它的法律。公民權是很直接的、雙邊的；城邦裏的個體公民權利是間接的，由會員國本身的國籍而定。

聯合國的前身叫國際聯盟，發起者是美國總統威爾遜。等到國際聯盟發起成立了，美國國會認為：不能因為總統簽訂一個條約，就把本國國民置於國際聯盟會議決議的限制之下——國際聯盟會議通過的法律，我們概不接受。威爾遜很尷尬：他發起成立了國際聯盟，但美國並不參加。後來由羅斯福與杜魯門組織的聯合國就不一樣了。聯合國裏面有四個常任理事國（美、蘇、英、中，法國是後來加入的），由四巨頭共同決定政策。聯合國表面上沒有盟主，但實際上的盟主是美國。美國一開始就管不住俄國（蘇聯），後來也管不住中國，只有英國、法國跟著它跑。聯合國變成了沒有牙齒的城邦聯盟，它不能約束會員接受它的法令。

聯合國曾經有人提出，世界公民可以申請世界護照，就是聯合國的公民不屬於任何國家。絕大多數會員國都反對這個想法，反對繞過祖國的約束直接加入聯合國。所以，到現在聯合國既無領土，也無稅收，也沒有軍隊和法律保護它。各個國家都認為法律給予公民保護，公民對國家有繳納賦稅的責任，以及享有作為一個共同體裏的成員應有的一切的待遇包括社會福利等等。這個只有在主權國之內才有。

施展：我之前一直讀您的關於西周的研究著作。春秋戰國時期各個諸侯國變法的時候，那些君主涉及一個問題：怎麼把內部秩序控制住？同時怎麼樣去跟外部其他的國家博弈？內部跟外部兩個方向的任務，經常是彼此之間矛盾、衝突的。在這種情況下，如何才能保持兩個方向的均衡？他們是怎麼做的？我想聽聽您的觀點。

許倬雲：從西周的歷史來看，有階段性的演變。第一個階段是初期

將各大部落納入周王朝的分封制度下，許多不同的部落聯繫在一起，以政治的紐帶形成一個網絡。經過不斷嘗試，他們終於找到一條途徑：利用親屬情感與實力綜合，糾纏交織為大小網絡疊合的巨大網絡群體——宗法與封建關係的聚合體。

同一姓族裏，婚姻紐帶與親屬紐帶聯繫在一起，異姓之間有婚姻結盟，同姓之間以尊卑長幼定次序，這就組織出來一個超越政治的團體。這個團體是親屬團體加上婚姻團體，以血脈維持的政治、社會結構。血脈結構總的要領是，大家共同的、最大的祖宗——也就是周人的祖宗得到了天命。天命賦予周人一個使命，以周人這個族群為核心，聯繫許多部族構成一個和諧的天下。大家都是兄弟姐妹、親戚朋友，不要再爭鬥，要協商共處。所以，經常每隔多少年就有一次會盟，各諸侯國在周王那裏見面，各自敬自己的祖宗，並一起敬周王的直系祖宗。周人以祖先的名義來建構的這個網絡，是超越政治之上的大網絡。後來周王又進了一步，用社會結構來籠罩在政治結構之上。

第二個階段，是周公與孔子共同打造完成的一個天人秩序。周公首倡這一理念，孔子將其完善成了一套理論。他們認為，「天命」實際上就是老百姓的支持。老百姓的支持本身就是一面鏡子，反映了"天"授予君王的使命。這個天命是宇宙化的、道德意義上的，君王有資格撫恤老百姓，安定國家內部的秩序，確定一切事務的合理性。這些使命君王都能夠做到，天下秩序就能不斷地容納新的族群進來。

這套天下秩序沒有邊際。一個新的族群進來了以後，就可以與其他族群通婚。同姓不結婚，異姓可以結婚，結婚之後二者就慢慢融合在一起了。西周四五百年之間，派出去的諸侯子孫，都通常要

與當地的族群締結婚姻。像孔子本身是宋國人，祖上家裏遭遇政變，才跑到魯國去了。孔子是子姓，魯國是姬姓，姬姓與子姓在征服戰爭完成以後，也與其他姓族一樣互相通婚，所以孔子能夠跑到外婆家去。在魯國，當地還有許多其他小族群，整個魯國就是許多雜姓經過交配婚姻而構成的複雜體的代表。許多複雜體合群的組織就構成了天下，這個天下的意識沒邊沒際。

沒邊沒際的天下意識，是中國特有的。而這沒邊沒際的分界也結成一張網絡，這個秩序是人世間的，是婚姻、親戚、朋友、感情、君主、臣子種種關係構成的複雜體系。這與西方以上帝作為天下秩序的源頭不一樣，上帝作為天下秩序的源頭，不受任何約束。人世間的君主作為天下秩序的源頭，則需要承擔其使命，並接受民眾的評判。一個超越政治的、以文化為基礎的天下秩序，使中國從春秋的民族國家到戰國變成天下國家，到秦漢以後有天下國家的意識。天下國家秩序的底盤從來沒有變，而中間有大的鎖鏈，就是組織管理階層。周公組織了一個當時世界上獨有的管理制度：東都成周有政府，西都宗周也有政府，他自己兩邊來回跑。他跑到哪邊，秘書班子就跟到哪邊；留在當地管理的組織就能活起來，從那裏發號施令。換言之，這個國家有超越城邦（或會員國）的全天下的管理集團，也就是中國幾千年來最為長久，至今沒有斷過的大的官僚系統。

我在唸書的時候，韋伯的理論剛剛傳到美國不久，有一位年輕的教師彼得‧布勞（Peter Blau）開設了這門課。他在介紹韋伯理論到美國的時候，把官僚制度的合理性當作一個主軸。經我的老師顧立雅（Herrlee Glessner Creel）介紹，我和他討論了中國的官僚制度。中國出現過幾千年連綿不斷的，從選取、任命、考核到養老一

連串的官僚制度。中國的官僚制度完備長久，有設計、執行、審核三階段的過程，有一等、二等、三等、四等、五等的考核評價，這些都是在中國的傳統中一直使用的模式，而且在不斷改進。彼得‧布勞對中國的官僚制度很重視，討論到韋伯的理論的時候，他說中國的官僚制度是「理想型的理性的制度化」。

全球化的市場經濟能持續存在嗎？

我們已經無法回到前電腦的時代，
已經無法回到完全以槍炮為主的時代。

經過這次疫情以後，世界市場化的情況將會如何？首先，我們先講各國對疫情的處理方法。中國雖然有過疫情迅速局部化蔓延的情況，但在政府的強力管控、干預下得到控制，疫情沒有進一步擴散。

美國的疫情嚴重程度世界第一

美國疫情是後面才暴發的，可是就最近的情況看來，美國災情的嚴重程度全世界第一。原因是這個災情發生以後，特朗普指揮失當，他耽擱了防控疫情蔓延的時機，所走的方向也是錯誤的，而且與專家的意見不斷發生衝突。可以說到現在為止，美國的疫情控制在全世界是做得最差的。美國的受災總人數還在增加，而解決方法到現在還混亂不清，甚至連基本的醫藥需求、設備需求都得不到滿足。美國這一如此高度工業化的國家，居然連生產的口罩都不夠用，居然連通風系統都不夠用。而且，到現在（2020 年，編註）還沒有看見，究竟什麼時候可以有治療新冠肺炎的特效藥，以及預防病毒的疫苗，這是很可憐的情況。如此情況下，哪怕全球其他地方逐漸恢復正常化，美國能不能恢復正常化都是個問題。

好在美國各處的學校恢復上課了，學生們都是在家學習。一個學期裏面的大多數時候，他們需要經由電腦在互聯網上，大家一起學習、討

論。經過這一次的混亂情形,許多城市被封閉了,中央政府和基層缺乏溝通,政策的混亂使得市場的供應幾乎完全被顛覆,許多小商店以及小公司紛紛關門。

這種疫情蔓延帶來的傷害,已經嚴重影響到大工業的生產。因為不能正常地放開生產線,恢復生產線的工作,只有自動化的工廠可以解決這個問題。儘管如此,等產品出廠以後,分類、倉儲、運輸、銷售等環節都離不開人力。所以說,這次疫情對美國的經濟體傷害極為嚴重。

股票市場雖然曾經一度看上去很紅,股價上漲也不知道是什麼緣故。但前幾天我們看到,股票指數重重地跌下七八百個點。換句話說,疫情對美國經濟的損害愈來愈嚴重。而總統競選期間,許多衝突、矛盾的消息,使因為族群觀念、因為種種原因走上街頭抗議的人,他們和警察之間的衝突不斷,這也造成了全國性的對立。

我覺得,特朗普總統希望這次全國性的對立可以持續下去,因為他可以用這個局面,拉攏一部分人作為他的支持者。於是,這個國家因為災情而造成的分裂和混亂還會延續下去。但在全世界別的國家都已經逐漸恢復,本來的全球市場正在逐漸修復的時候,最重要的「玩家」(player) 美國,在這三四年來不斷地破壞全球化發展的方向。

被拖延的全球化,終將回到正軌

全球化的市場經濟,在美國還不能回歸這個大網絡的時候,其結構是有缺陷的;而其他國家,也一直在等待這個市場化的重現。比如中國,已經願意再恢復到全球化的上下游合作、分區合作、垂直合作等模式。中國和其他國家都正在努力一點點地恢復這個全球化的秩序和結

構，可是中間缺少著最重要的夥伴，這個夥伴就是美國。

不能順暢地參與全球貿易，對美國本身的經濟產生的損害比對任何國家都大。在全世界各處努力恢復元氣時，美國與每處都在作對。那麼美國經濟的發展不會順暢，只會更加衰落。一國總統採取民族化、閉關化等等趨向，如果按現在這個趨勢走，後果將是置美國於世界之外。而且，會相當程度地阻擋、延遲全球化發展的進度和方向。

日本是全世界工業佔比很大的一個國家，其生產的汽車曾稱霸全世界。汽車、通信工具、船隻……我們說得上來的產品，日本都有專門做這個的公司，而且做得很好。我有一個朋友是駐日本的記者，他在個人的調查中發現，日本有幾十上百家的大廠家、老字號，有的是明治維新時就成立了，到現在一直延續下來。這些企業都站在時代的最前哨，爭取生產最需要的一些工具和產品。這幾十上百家的老字號，都在改換他們的產品，都在調整他們生產的方向，針對當今世界的需求組織生產新的產品。舉個例子，松下（Panasonic）本來是生產電子工具的廠家，今天它要生產將來農耕基建所需的產品。還有許多本來生產紡織品的公司，轉化到其他方向的生產上了。如此種種轉變可以看出，日本在全世界新的市場下將會是什麼局面。他們在未來不但不會缺席，而且會先走一步。

我們看中國最近的工業化，發展過程十分迅速，出現了許多大的工業企業集團，但是他們之中很多現在都在投資做人工智能等。當年世界上很多企業，都是從石化工業慢慢轉變到電子工業，以至於轉到最近的資訊工業中。他們也取得了很好的成績。中國企業採取的這種方式，也是面對著全球市場，經過數字化的溝通和網絡渠道，讓不同產品之間的信息互相交換，產品的上下游分工實現緊密配合。一個產品裏面用的零部件可能需要幾十上百種，具體哪一個需要哪家單位去生產，這種上下

日本很多企業，都在針對當今世界的需求組織生產新的產品。比如，松下（Panasonic）本來是生產電子工具的廠家，今天它要生產將來農耕基建所需的產品。圖為老照片裏的松下電器廣告。

日本建築企業金剛組創建於 578 年，是現存世界上最古老的家族企業，以建造佛寺為主。圖為金剛組員工工作現場。

游的分工切割得非常細。

　　沒有一個全球化的信息網絡，就不可能做到全球化的商品分工，也不可能做到全球化的生產過程的分工。如果全球化被強行中斷，整個的生產的規律就會停滯，或是發生很大的變化。

　　特朗普強調美國要做龍頭，所以威脅美國最大的一方，他就抵制得最兇。現在他認為中國在未來可能成為美國最大的威脅，所以抵制中國最兇。他對德國也是如此。他認為德國是發展得最迅速，最能趕上工業需要、全球化需要的國家。於是他抵制德國，抵制得非常厲害。

　　但是，被拖延的全球化還會進行下去。全球分工將會相對地減少戰爭，參與全球化獲益的各方都會覺得互相合作的利益大於互相鬥爭乃至互相毀滅。但是特朗普思考的方向是反著來的，他是逆時代、逆潮流的想法。所以，在他手上本來已經進行得相當順暢的世貿組織以及各種地區性的合作組織包括北美自由關稅區，如此種種雙邊或多邊的區域性、全球性的這種大的合作組織、合作機制，在特朗普時代都受到了破壞。

　　美國強行退出一處處國際協定，以關稅和軍事威脅等方法壓制一個個國家和地區，意圖鞏固獨霸全球的局面。本來美國是這個全球化的領頭羊，但現在美國的所作所為，卻是自己在損傷肢體。他本來安坐龍頭大位，可以佔盡便宜的位置。現在，美國種種舉措，卻不斷自外於這一自己帶頭的體系。

　　特朗普總統覺得全球貿易裏別國賺取了利潤，就是搶了美國的生意。他的貪慾，在美國是全球化最大受益者之時，還妄圖讓美國獨佔全球化的好處。他沒想到的是，美國之所以是最大的受益者，前提是全球化的利益由各國分享互利。若是砍斷別國獲益的來源和機會，美國自己也再難分享到全球貿易中的益處。

　　這一「全球化」的趨向，在近二三十年來本來口號叫得震天響，大

家認為這是不可避免的大方向。但是在特朗普執掌美國的過程中，這個方向不斷地受到攪亂。可悲哀之處是，本來應該是領導世界經濟的龍頭之間相互刺激、彼此增益，共同帶領人類往前發展——如今，本來眾多的龍頭可能變成了獨龍，而且是孤獨的、野外的龍，自外於全球體系。

「群龍無首」，這是《易經》裏面的話。沒有真正的、唯一的領袖，全世界的國家之間自由合作、自由組織，對大家都有好處。但是特朗普認為，群龍都要聽他一條龍的話，使他獨佔莊家的便宜。為了實現這個目標，他寧肯使得全球化的體系受到破壞，哪怕最後被開除的是美國自己也在所不惜。如果美國真的被開除於世界經濟圈之外，受苦的都是老百姓。

美國當今種種舉措，將來會發現是場噩夢

回顧歷史前例，我們不是說沒有見過類似的情形。在汽車剛剛發明的時候，還不知道用什麼引擎以及什麼模式做出來，包括做什麼形狀？三個輪子還是四個輪子？前驅輪還是後驅輪？用電池驅動、石油驅動還是怎麼樣？種種不同想法並存的時候，就容易產生糾紛。那個年代的歐洲，雖然發展得多姿多彩，但幾個國家之間互相抵制、互相鬥爭，尤其是法國和意大利。結果美國從歐洲學來各種不同的汽車生產設備以及設計方案，最終使得美國的福特 T 型車橫空出世，打響了美國一百年來獨佔市場的第一炮。

同樣在我們的認識裏，愛迪生被認為是發明之王。但法國人對於這種稱呼是不同意的。有些人認為電燈泡是愛迪生發明的，但法國人和意

美國從歐洲學來各種不同的汽車生產設備以及設計方案，最終使得美國的福特 T 型車橫空出世，打響了美國一百年來獨佔市場的第一炮。圖為 1912 年生產的 T 型車。

大利人就不承認這件事。這個官司到前年還在打，美國國會通過的法律承認在美國登記的愛迪生發明燈泡這件事違反了《專利法》，燈泡的另外一個形式之前已經在歐洲登記過。回歸歷史真實，在這方面取得了公道，但這個事發展的階段已經過去了。

在今天的全球化過程當中，美國無可否認在推動全球的科技合作，進而運用科學技術拉動工業生產。這個總的發展方向，無可否認美國盡了最大的努力，而且功勞甚大。在世界經濟史上，美國所提供的發明創造一定是最重要的里程碑。但今天到了快要成熟的時候，美國自己搬石頭砸自己的腳。最終來看，特朗普這種做法是不可能取得成功的。因為以這樣的領導心態，最後會被美國的老百姓遺棄。他這段時間努力地反對跨國合作、反對平等互利，用關稅、貸款、商品貿易種種手段打壓別

的國家，在將來會變成一場噩夢。或需要等夢醒來以後，美國人才發現經歷了噩夢，但現在特朗普總統還在夢中。

美國設立當前選舉制度的理想本身非常好，但有很多的缺陷。其中一個缺陷是，選民並不都是很明智的，越是情緒化的選民越不能理智、理性地做決定。還有個因素，就是信息的傳播會影響到選舉的結果，有很多消息是越傳越錯的。競選信息一路傳播的過程當中可能發生誤傳，而被誤傳的消息在不同的聽眾耳朵裏會產生不同的反應，進而就會影響到聽到的人對投票對象的選擇。

這個狀態在這次總統大選中正在發生。我們每一個人都看得見其中錯誤的地方、虛假的地方，尤其是故意由總統自己發佈出來的錯誤消息。特朗普經常講別人發了假新聞，他自己發佈的假新聞其實最多。將來噩夢真正醒的時候，特朗普大概已經從總統位置上面下來了。

我們可以看到，古希臘的哲學家柏拉圖在討論各種政治制度優劣的時候，他說一個共和國最理想的狀態是由「睿智、聰明、正直的」領導者領導政府機構，這個政府機構要反映民意。最佳的情況當然是反映全部的民意，但全部民意不可避免地分為上、中、下三等智慧，這三類人的知識能力有很大的差異。民意的結果，會因為有人有意操作、煽動而發生偏移、扭曲。政治領袖以不同的利益來煽動局部的選民的時候，這個睿智的哲學家最後不會出現，反而出現一批政客主宰國家。最可能的是國家陷入富人專權的境地，甚至是陷入軍人專權——當然，還可能陷入能言善道的政客專權的狀況。

還有一種情況叫僭主政治，這種政治人物通常是糊塗、荒唐，但有煽動力的獨裁者。這種人一旦得勢，他的所作所為會毀掉共和國的基礎，使得共和國逐漸走向滅亡。這種政治觀察，柏拉圖放到他老師蘇格拉底嘴巴裏面講出來，實際上是他自己的意見。僭主政治在希臘出現過

兩三次，美國正在出現同樣的僭主。特朗普這種人掌握政權以後，他會盡量把權力收攏到個人手上，會費盡心思地以錯誤的消息、情緒化的考慮煽動老百姓，使得老百姓做出錯誤的選擇，授權給他做出種種的大事情。後果則是，他的所作所為害了整個國家。當今美國正在發生的種種，就是正在禍害三百年來的美利堅合眾國體制。可惜的是，當有一天我們終於把這些錯誤矯正過來的時候，已經丟失了多少好的歲月，喪失了多少好的機會。我們來禱告，希望在這個過程之中不要因為一個人的衝動而挑起戰爭。

當今世界大國之間的戰爭，是世界性毀滅的前奏。如果大家都拿原子彈互相攻擊，不要說直接被轟炸的區域，單單只是原子彈爆炸產生的放射性物質，留在地面上、留在雲層底下，就可以改變整個世界各種生物的命運，包括人類的命運。這些生物大批地受放射線的輻射，或許不能繁殖後代，也可能變得身體殘缺。日本廣島和長崎當年遭受原子彈轟炸以後留下的景象，和今天可能發生的核戰相比，是小巫見大巫。如果現在發生核戰爭，其慘烈程度超過當年長崎廣島的千萬倍。不論你是否有信仰，也無論你信仰什麼，我們共同祈禱不要讓這種情況發生。

全球化是人類實踐已久的事情

生產分工和資源分配的全球化是在所難免的情形，而且人類已經實踐很久了。最近二十年來，大家實際上都一步一步地走在全球化的路上。世界貿易協定、各個地區的各種協定，都是為了實現這個目標而設立的。國家與國家之間的免稅或者是政策優惠，各種大的、小的、集體的或者是在全球性共同的規則，或是在聯合國籠罩之下相互合作，大家

都在做同樣的工作。

一直到特朗普上臺，他自己破壞了許多關稅協定，也退出了很多區域性的合作協定，不斷地突破全球化的原則，抵制他國商品。他尤其喜歡挑中國的毛病，覺得中國的崛起對美國的發展不利。他認為不能讓另一個國家來損害美國的利益，美國的國家利益最高。特朗普所做的這些事情，使得全球化的工作沒有辦法進行，碰到許多過不去的難關。全球化這個事情已經是到了無可挽回的地步，全球化是不能回頭的工作，必須要繼續前行。特朗普的任期是有限的，他的任期結束以後，如此種種逆全球化的舉措應該會得到調整。

過去，國與國之間用關稅來抵制全球貿易，或者是用選擇性的優惠政策來幫助國內產業。其實這些都是路障，使世界上商品的交流、生產、分配、上游下游的分工都受到影響。現在，我們有新的全球化交通的利器，這種世界各地區相互配合的貿易、生產，應該能夠比過去做得更好。

我記得剛到美國的時候，看到艾森豪威爾（Eisenhower，美國第三十四任總統）將軍新建了連通全美國的公路系統。高速公路上有服務站和加油站，四通八達。美國在這樣一個大的網絡之下，其內部很容易連接在一起。過了不到十年，飛機場裏小飛機也變成了大飛機，飛機班次越來越多。最盛的時候，那些相對偏遠的地區或中等城市的機場，差不多每小時有一兩架飛機升降。幾乎全美國的各處乃至全球的各處，在轉一次機甚至是不轉機的情況下，就能順利地從此地到彼地。

全球化的過程，是以海運的暢通作為保障的。從一般的貨船轉變成裝載集裝箱的運輸船，其噸位越來越大，載重量越來越大；而且卸貨的碼頭也不在普通的岸邊，要到大的貨櫃車停靠處卸載集裝箱。集裝箱、貨櫃船、貨櫃車的出現，減少了中間倉儲的環節，因為一個個集裝箱本

身就是貨櫃。

　　海上航運上的這些進展，再加上重型貨運飛機的發明，相當大部分的貨物由飛機載往他處，這些是全球化的第二個階段。在硬件設施上，可以看到有船隻、飛機、鐵路、公路；而與之配套的軟件設施則是各國之間的協定，互惠、互通、免稅等規定。

互聯網技術使得全球化更為便利、徹底

　　如今，隨著互聯網技術的進步，電腦和智能手機出現以後，一些國家之間商品不單是依靠傳統的銷售渠道，商品通過網絡渠道也能很快銷售出去。而且生產過程上下游之間的分工和協作，也變得越發簡單方便。近年來的全球化，是手機帶動之下的全球化。尤其是第五代手機出現以後，我們可以看到商品貿易比以前更加簡單方便。一些工廠生產的產品，不再是把所有的生產環節都放在一個長廊一樣的廠房裏。早在 1930 年，工業生產就開始有了很長的廠房，裏面分了一些生產流水線，每一個工人只做一個步驟的工作，動作又快又標準。現在這種集中在一個廠房裏的分段工作，已經不必全部在同一廠家完成了。只要這個地方做好了，運到下一個工作站可以做下一步組裝。許多國家不同的產品零部件可以拼合在一起，成為一個完整的商品，這就是生產過程的上下游分工協作。商品的流通過程也一樣可以分為上下游各環節，將產品分配到大盤、中盤、小盤。原來的工業生產從原材料供給到商品到貨，這中間不知道需要中轉多少地方。隨著全球分工的細化，信息技術的進步，再加上生產自動化的發展，人工智能就可以幫助人類完成分類、分配、分線的工作，現在這個工作已經做得相當徹底了。

今天不被互聯網服務覆蓋的地區，在全世界已經不太多了，這種依託互聯網的合作應當是跨全球的。所以「雲端」的這個「雲」，不是真正的一片雲，而是無線電波集中的地方或者可以干預的地方。光纖技術的發明，讓全世界的信息連通成為現實。很榮幸我認識高錕高先生，他是光纖技術的發明人之一，這是很了不起的貢獻。

這種情況，使得跨城市的協作可以在網上實現。這是一個大的網絡，從原來的商品生產，一直到最後到達使用者手上；乃至更前端的原材料的勘探、加工製造等流程，都可以用無窮無盡新的設備去得到相關的資訊，這在過去是不可想象的。現在我們還能基於大量數據的雲計算，使得資訊可以很快被消化、被分類，形成一個分析結果供人作為做決策的參考。

上述種種說明，假如全球化被終止，全球經濟貿易也會停止。所以，只有把全球化做得更好更快，才是有利於全人類的方式。

美國稱霸全球的三個基本面，兩個受到了衝擊

國際資本的全球流動，背後也需要依靠全球化的資訊流通，這個也是無法停止的現實。所以我們必須要高興地說，我們有這麼多的工具，來保證信息、資源在全球實現流通。可是最近遇到的難關是，特朗普上臺以後，常常自恃過去美國的優勢胡亂作為。美國的全球霸主的地位之所以能維持不倒，有以下幾個原因：第一，美國高科技的人才集中，高科技發明的貢獻全世界第一；第二，美元是世界貨幣；第三，美國的軍事力量全球第一。從軟的科技實力，到唯一的全球貨幣霸權，到雄厚的武裝力量，有這三個層面作為支撐，美國的霸權地位是無可撼動的。

可特朗普上臺以後，他認為世界各地工業生產的分工合作，導致許多美國工人的工作機會被別國搶佔了。所以他希望把這些工作機會帶回美國，工業商品由美國人發明，在美國製造再高價賣出去。你們用別的方法賺錢，賺了錢來買我的東西過日子——這是他完成霸主夢的最大的一個背景。他這個霸主夢為什麼刺激人？因為美國領導下的全球化發展得很迅速。但由於他的行為，前面三個支撐面裏的兩個被衝擊到了。

經濟全球化以後，美元因為周轉而必須高度地國際化。資訊全球化以後，美國軍備上的優勢不一定能夠平衡經濟上的優勢，或平衡其他的短期需求。人們對和平的願望越來越大，普遍不希望打仗。這時特朗普要回到帝國霸主身份，就開始強行改變這種全球化的分工協作體系。

特朗普上任以後，取消了國與國之間的雙邊協定，提高關稅作為貿易壁壘，要求獨佔各種利益，還要以背後的武裝力量和金錢力量來驅趕他的敵人，壓迫將來可能挑戰他的新生勢力。在新生勢力裏面，他認為中國是最大的力量，所以中國變成他最大的壓迫對象。但是，特朗普如此作為其實是白費功夫。今天的世界已經發展到了這個地步，這麼大的網絡已經成型了。所有加上去的新的東西，應該使得它更完美高效、更周全快速地運作，這是有益於全人類的事情。我們已經無法回到前電腦的時代，已經無法回到完全以槍炮為主的時代。

現在世界各處都多多少少受到了疫情的影響，全球經濟大受損害，尤其是美國受到的損害最大。中國在這幾個月已經恢復元氣，從武漢的封城到重新開放只用了幾個月。但美國到現在病例是愈來愈多，這麼富強的美國，卻沒有辦法生產出足夠用的口罩和醫療用具，到現在沒有研發出疫苗，也沒有治療新冠肺炎的特效藥，這也使美國在今天變成疫情最嚴重的地方。

世界各國都受疫情的影響，商店顧客稀少，中小型的商店都關門。

大家盡量減少活動，製造業停頓了，人們不外出上班了，在家裏用電腦、用手機雲視頻軟件 zoom 來彼此溝通信息，處理工作上的事情。但是用 zoom 上班，終究與面對面上班是不同的。面對面上班的時候，有一些小問題可以馬上回應、解決；利用 zoom 在網上工作，就沒有這麼方便了。尤其是病人與醫生之間，雖然線上診療時彼此能看見，但醫生不能隔著電波聽到患者的心臟，至少目前不行。

但我們可以預見世界各地都在恢復，恐怕正好是全世界因為有網絡互通互聯的關係，恢復以後就會改造世界經濟組織的模式，改造世界經濟的形態。因為不僅是上下游的產業可以互相配合，還有縱深的各個城市之間的合作，也可以聯繫在一起。世界性的、多維度的合作網將要出現，而特朗普不能理解這一點。

只要全球的疫情得到控制，我們的經濟狀況就不是大事情。問題是，一個霸主國家的領導者昧於時勢，不能理解真正的世界進步的情況，思維還停留在過去的光榮裏，寧可中斷全球化進程也不能丟了霸主的地位，這給美國、給世界經濟造成了很大的災害。

我對中國有一些勸告

另外一方面，我對中國也有一些勸告。中國誠然在幾十年來進步巨大，尤其最近二三十年的進步是相當驚人的。作為華僑，看到中國取得這樣的進步當然很高興了。中國脫貧了，一個大貧困國脫了貧，社會結構不一樣了，這使中國有了新的面貌。當然，這是值得我們驕傲、值得替中國高興的。

這種情況得之不易，希望大家不要輕率地得意而忘形，以為自己是

大國了，以為自己是世界第二強國了。我希望中國要非常謹慎，要小心謹慎地保持繼續成長的動力。我們還有許多路要走。

另外，我要提醒一下中國人，有實力成為世界第二號國家的大國確實不多。中國人多地大，先天條件足夠充分，確實中國歷來也是大國。可是我們也不要忽略人的素質，現在一個印度、一個日本都在挑戰、追趕我們。印度有非常優秀的人口，但他們的優秀是建立在賤民階層連基本的生存都不容易保障的情形之上。下面有非常窮困的底層，上面有非常富裕的高層，印度這個國家沒有辦法整合成一個像樣的現代國家。日本應該是我們的朋友，但不幸做過我們的敵人。我希望將來中日兩國永遠不要再做敵人，近鄰何必做敵人呢？

日本有它的可恨之處，發動過戰爭侵略中國，這種罪行是無可赦免的。但日本戰敗以後，我自己親身經歷，講一點點給大家聽聽。我們有一條抗戰復員的船，這是條屬於海軍的破船、老船，裝運了海軍指定的眷屬回鄉，順著長江往上海走。這個破船走到了武漢附近，因為江水裏面的泥沙淤積，船開到沙裏面就出不來了。花了好長時間，才請到了已投降的日本海軍，用他們的拖船把我們的船從沙裏拖出來，一直拖到漢口，停靠在碼頭去加煤。大概一百多個投降的日本軍人替我們運煤，從煤車上拖到江邊的船上，一百多個人像個鏈條一樣，把煤左手交給右手、右手交給左手，一波波一路傳遞下去，運到我們江邊上靠泊在那裏的船隻的煤倉。我們看到這一百多個人，工作起來一點雜聲都沒有，一點錯亂都沒有，精準得像條流水線。等到吃中午飯的時候，一揮手、一聲口哨，他們停下來了，每十個人出兩個兵去帶碗筷、飯食、便當，分配給大家吃。五個人坐在地上圍成一圈，蹲在一起吃飯。吃完飯以後，另外兩個兵把碗筷送回車上，其他士兵就地蹲在一團在那裏休息，一點聲音都沒有。再過十五分鐘，一揮手、一聲口哨，他們站起來馬上開始

工作。藉此機會，我們看到了日本兵的紀律之嚴、效率之高。先母曾對我講：日本不會亡的，它會重啟，重啟以後會比以前更好。我們中國估摸著還要與日本較量一次，老人家有這種遠見。但盼望這種較量不是槍炮之間的較量，而是在其他各個方面一較高低。

海內外華人獲得諾貝爾獎的數目，加起來很少。但日本人幾乎一年拿一個，獲獎者來自各種各樣的學科。科技創新的貢獻，日本幾乎是每一年都有相當重要的發明創造貢獻給世界。日本的學校裏面培訓的學生不需要出國留學，因為他在本土就能學得好。今天來看，日本還有一個現象，那就是他們的公司轉型轉得很快。我有個朋友在日本調查過，一百多家百年字號的老公司，過去曾經很輝煌的公司現在都在改行，從汽車、輪船、肥料、攝影機生產等行業，大多數調整為跟資訊工業、數字化工業有關的企業。

我們知道今天生產芯片所用的材料，與過去用的芯片生產完全不是一回事。如今許多機器裏面使用的芯片比最好的攝影機的芯片還要精、還要薄，透光性還要強。一個重量級的汽車公司可能已經不再生產舊款的燃油汽車，轉而生產小而輕便的新能源汽車。如此種種變化，都是在日本國內正在發生的事實。

我們看到過去的敵人起來了，我們深為他們感到幸運。同時我們也要警戒過去欺負我們的人，如果我們自己不好好發展，他們可能還會再欺負到我們頭上。一方面，我對自己國家的進步感到佩服；另一方面，我對其他國家快速的發展也必須要警惕。

中國的「厲害」是花了本錢的，中國的「厲害」也要防止停頓，中國的「厲害」還要防止國際上被別人堵塞。特朗普上任後的種種倒行逆施，只是暫時的現象。雲過以後，天上還是明月滿空。但世界在永遠不斷地競爭，這是在全球化過程中不可避免的事情。

日本有它的可恨之處，發動過戰爭侵略中國，這種罪行是無可赦免的。圖為二戰中國戰場的日軍戰俘。

中國要如何在這件事上成就下去？不能原地踏步，不能自豪地説中國人優秀，這些都需要注意。沒有一個種族有先天性的優秀——優秀是文化的優秀，不是人種的優秀。而文化當中，一個地方的優秀同時意味著其他地方的缺點，這都是需要我們警惕的，需要我們注意的。

大家知道，我今年 90 歲。我對今天世界的轉變看得頭昏眼花，但是還要保持自己清醒。變化之中可能是機會，變化之中也可能是危機。所以我們要警惕，要小心。這幾年來，我們對外交涉拿捏的分寸還不錯，我們既不要過硬也不要過軟，一切都要在適當的分寸上把持住。

唐世平，復旦大學國際關係與公共事務學院教授，教育部「長江學者」特聘教授

唐世平：2008 年金融危機和 2020 年疫情之後的全球化會有比較大的改變，以後的全球化和此前的全球化應該有所不同。在這樣的背景下，世界各國對全球化的適應與調控將不同，人類社會與生活方式會有不同。對此，許先生您怎麼看？

許倬雲：這是個大課題。第一，整個瘟疫以及最近發生的兩次全球性危機以後，我們更加了解到全球是一整塊，誰也離不開誰。瘟疫的傳播不會因為國界線停下，它是無處不到的，對窮人和富人也不會差別對待。全世界結為一體是無可否認的，而且它還在繼續進行。

第二，美國一直在調節自己的市場結構。美國曾經有過大賣場、大百貨公司，慢慢發展到大批量的國外產品進來，在沃爾瑪這樣的連鎖商超廉價銷售。等到最近，亞馬遜的送貨到家服務搶了許多實體店的生意。這次瘟疫以後，商品從中小型店家直接到消費者手上，這個商品流通最後的一環將會慢慢被取代。下一步我估計，快遞配送到家的業務會發展得更好。因為可以在網上選購、網上配貨，最後一公里可能會分區建小倉儲供用戶自己取貨（類似國內的

快遞櫃），或者加一點錢直接送到家門口。我看將來會是這樣的發展方向，實體店會被進一步削弱。

都市化現象是逐步集中、逐步擴大，現在是反方向而行之，商品直接從生產者到消費者手上，減少了許多中間的過程。這個大的改變好處和壞處都有。好處是全球性的運輸、全天候的周轉很容易，壞處是人與人在大都市裏面是「比鄰若天涯」，隔壁的人都不見面。將來這種情形會更甚。像我們和朋友過去兩三個星期談一次話，在家裏會餐或者到公園裏見面。現在因為瘟疫的關係，很久沒有見面了。都市可能會慢慢解體，全世界變成許多大網絡、小網絡串起來的結構，每一個人都是網絡的終點站。

今天的許多廣告要慢慢消失了，商品的銷售要靠其實際的品質來決定。在商業世界，很容易判斷哪種商品有銷路、哪種商品沒有銷路。而因為輸送網之間要加快揀選、配送、退換貨的速度，這些人工來不及做，就要加大自動化的投入。將來整體上全球化不會變，會進一步轉變成全球化和網絡化。互聯網、人工智能、數字化這三個東西疊加在一起，籠罩在人身上，這個改變很大。改變人的生活方式要在這方面著手的話，會很容易下手。

將來的戰場是沒有硝煙的戰爭，網絡戰爭我預估會出現。將來世界秩序要怎麼調控？可能要通過國際協作、國際合作來實現，像特朗普的這種霸主性的做法行不通了。將來的世界會和今天不一樣。學校的教育要更多地討論怎麼利用信息，而不是被信息所用。人與人之間的信用、信譽、信任，不能再靠當面握手談話來識別，要靠對過去的信用自動化的核實和核對。人與自然環境的關係會逐漸減弱，而人對網絡信息的依賴和使用會增加。人工智能加上大數據的雲計算，會使得人與自然的結合是經過這套東西（信息、人工

智能、雲計算）的分析，而不是直接經由情感智慧得到了，這是我的預測。

　　調控全球國與國之間的經濟、政治關係，一方面要靠大家合作，還要靠另外一套知識──信息數據方面的、社會方面的、經濟方面的知識，還要有歷史文化的自覺性。未來世界各地的文化會慢慢混同，彼此學習對方文化中好的一面，丟掉壞的一面。我希望人與人之間不必對立，要形成和諧相處的環境。中國文化是和諧包容的，我希望中國的這部分文化有一天可以擴而大之，被世界各處接受。

唐世平：從 1978 年到 2010 年期間，中國的崛起很大程度上得益於二戰後的全球化，和中國基本被西方大致接受。如今的情形有很大的不同，今後中國的發展可能會受到不少限制，這也是「雙循環」政策的背景。不知道許先生怎麼看這個問題？

許倬雲：中國是大國，在發展最快的那一個時期，如果沒有很大規模的內循環的空間和資源，中國不容易跨過門檻。中國之所以能夠走到那道門檻，有本身的資源、政策支撐，有大量成本低廉的勞動人口，這是非常了不起的。海外華人因為血濃於水，許多專家學者都在投入那一段重建工作，都多多少少有貢獻。

　　所以，將來內循環與外循環之間要有華人循環，不要小看這個群體的力量。把海外華人世界與內循環套疊在一起，對雙方都有利益。外循環方面，我們當然希望開放投資，世界的生產基地移到中國一部分，中國的生產基地移到外圍一部分，大家彼此間分工合作。不要只是將「一帶一路」當作我們的工具，而應該將其看作全

球的公器。我們修的路我們受益，但不要把這條路當作束縛人家的工具，也不要當作國際爭霸的武器，那樣會遭人忌恨。我希望中國能夠盡量與人為善，盡量與人合作，合作總比對抗好。現在中國將這個作為合作提議，我覺得就非常好。

沈康，高山書院 2017 級學員，朗聞投資管理合夥人

沈康：現在我們被迫和美國處於對抗性的局面。除了鼓勵美資企業撤出在中國的投資，鼓勵美資企業與其他發展中國家建立供應鏈以外，您認為美國在經濟層面還會對中國採取哪些措施來遏制中國的經濟發展？您認為中國最應該擔心的是什麼方面？應該如何應對？

許倬雲：我想在純經濟層面：第一，美元是世界貨幣標準，用美元來操縱全球經濟是它的工具之一；第二，當代商品中的科技產品有專利權，而且專利權很難切分，你中有我，我中有你，美國可以拿專利權做文章限制中國的發展。當然，美國最厲害的還是拿美元做文章。美元本身已經超發，作為世界貨幣它不需要發行這麼多。超發的部分美國用來發展軍事和工業——一手拿著錢，一手拿著遠程導彈。這部分的錢，最後轉嫁到全世界使用美元的人的頭上。

　　現在我們正在經歷從來沒有過的局面：世界的全球化找不到一個美元之外的標準貨幣，黃金不夠用，石油不夠用，一籃子貨幣不好用，美元一家獨大更不好。我有一個想法，由全世界出鈔國家前五六名在聯合國機制裏成立一個信用合作（Credit Union），國際商品交易的時候用「Credit」代替兩家共同接受的貨幣，或者用其他商品代替，擺脫美元獨霸的局面。我的想法來自中國的「打會」，

這是一種中國民間比較原始的資金互助方式。

羅旭，高山書院 2018 級學員，紛享銷客創始人兼 CEO

羅旭：全球化市場經濟讓絕大多數人受益，理論上應該是未來的趨勢，但當前全球化的逆流趨勢明顯。您覺得本次逆全球化的趨勢，在危機過後是會煙消雲散，還是真的將進入歷史性周期的拐點？

許倬雲：逆全球化不是歷史性的轉折點，也不是突然發生的意外。從現象方面講，逆全球化也是全球化的一部分。如果今天沒有這麼多空中飛機來往，沒有這麼多旅客來來去去，沒有這麼多國際交往和許多商貨運來運去，許多疾病的傳播沒有這麼快。沒有資訊的全球互聯，可能這次疫情死了一千萬人大家都還不知道。各種病毒隨著人口加速流動在世界快速蔓延，是全球化裏面惡性的「副產品」。

口罩這種東西連工業品都談不上，為什麼到今天美國居然口罩不夠用？這是荒唐的事情。這都是各地的經驗、各地的設備沒有得到合理的配置導致的，很可惜。很多國家遏制或者延緩病毒擴散的機制沒有傳輸到別的國家，有的國家像美國也不肯學習。如果好的機制能夠傳輸到別處，大家一起學習、使用、提升這套機制的話，疾病控制就容易得多。但這樣的逆全球化並不能算特例，只能說是全球化過程中的一部分。

新技術、人工智能
與人類的未來

目前我們運用人工智能的情況，

就等於是希臘神話當中普羅米修斯掌握用火的能力。

上帝很憤怒——你們知道用火了，以後我的地位怎麼辦？

人工智能是最近很熱門的課題。最初，大家用電腦來處理大批量的數據，希望從大數據裏尋找到少量數據不能積累出的邏輯——什麼是對錯，什麼是未來的發展方向，什麼是因、什麼是果這類的情況。這種分析問題的方式，統計學也曾經嘗試過。以前沒有電腦，我們依靠人傳遞的經驗。有了電腦以後，這種將大量數據聚合在一起加以分析的方式，則可能更接近真正的邏輯，更能尋找到是非、對錯或者是因果之間的關係。

人工智能已經進入我們的生活之中

最近二三十年來，人工智能技術突飛猛進。有人曾經讓人工智能團隊將過去二十幾年所有的圍棋棋局、撲克牌局輸入電腦加以模擬、分析，最後電腦打敗了高段位的圍棋職業棋手，打敗了高手組織的撲克牌隊，也打敗過西洋棋、中國象棋冠軍。2018 年在中國福州，中國圍棋「第一人」柯潔與國產人工智能程序「星陣」（Golaxy）對弈，人工智能贏了；此前一年柯潔還對陣過人工智能「阿爾法狗」（AlphaGo），也是以失敗告終。

人依靠自己思考來下棋，也可以做得很好，可是在思考的過程當中，通常只會在自己經驗範圍以內考慮。一個人類棋手，他閱讀的全部

棋譜，加上自己親身經歷、體會過的棋局，也就不過幾百上千盤而已。用人工智能模擬，非常輕鬆就超過了這個數量。

遵循同樣的例子，我們可以看到：在生產線上一個產品的生產過程被切割成若干點、若干段，每個段生產一個零件，再把零件有序地拼起來。這說明在生產線上很簡單的重複性工作，我們可以拿一個很複雜的機器，順利地、合理地完成生產、組裝工作。通過把這個工作完全委託給機器去做，這中間的偏差和錯誤會越來越少，簡單的工作用同一個步驟，錯誤率是很低的。比如用機器控制絞螺絲釘的鬆緊度，會比人工更精確、更牢固。

而在股票市場上，玩股票的高手，手上一定掌握了某一個股票過去幾十年、近幾年以及最近幾天升降幅度的曲線，進而分析出為什麼升或者降。他通過很精確的判斷以後，預測到三小時後會降，或明天後會降，一年以後復升，長程短程的局面都可以通過模型預測。在股票市場交易所上，現在交易員的工作方式與過去也很不一樣。

這種以大數據分析結果作為決策依據的趨勢，可以看到正被應用在工業生產領域。城市裏面已經嘗試發展自動駕駛汽車，現在是還得安排人去監督它，如果臨時發生錯誤，這個人可以立刻進行校正。可人工智能汽車本身不會疲倦，如果沒有意外、錯誤發生，電腦不會發脾氣，也不會想更多路線，更不會被其他忽然發生的事吸引注意。讓這種車在市區裏行駛，前幾年已經在美國實踐過了，匹茲堡是試點之一。三四年前，因為我原來居住的房子發生火災，我們搬到了旅館裏暫住，等房子修理好了再回來。在旅館窗口邊，經常看到人工智能車在試運行，上面打著黑牌子：人工智能試車。我們看著它走得像模像樣、規規矩矩的，一點錯誤都沒有犯。

為什麼現在這種開車的方式還沒有推行？我想是人工智能汽車設計

涉及很多法規如勞工法、安全法、道路管理系統等法規，還有許多難關要過──不是技術問題，而是條例、法律的問題。這說明人工智能的使用到了第一步，已經上了路了，下面會有更多類似的事情出現。

我們現在依靠電腦管理的大郵輪，有幾十萬噸的貨物在上面，管理人員不到十個。電腦依靠大數據累積起來的經驗，已經學會了在特殊情況下如何分析、解決問題。問題在哪裏一下就能看見，一下就查出來了，不用再一個個人下去逐個排查。而且，找到錯誤以後電腦也可以很快校正。這種便捷、安全的管理方式，在海陸航行上都有極大的幫助。

我們看國家層面，現在的國家也已經採用人工智能及時處理國家財政稅收事務。處理大量的經濟數據，也是根據許多過去的數據分析得出來的一些經驗甚至公式，藉此來建立管理、分析模型。這就相當於一個有經驗的財政部長，不用看過去的數據，他憑感覺也能知道如何處理；即使新進來一個能幹的助手，他拿過去的例子翻出來考慮、整合、消化，也可以總結出一些規律。所以，人工智能已經進入我們的生活之中。這是好的事情，但我們也得考慮其他方面的事情。

人工智能與人的智慧差別在哪兒？

人工智能是什麼東西？是由電腦計算仿造出來的近似於人腦的智慧。從哲學上來說，智慧分為「知、情、意」三個部分。知識，是靠知覺引申出來的認知；智慧，是經由對知識的理解，引申出來的方向、角度上的考慮。知識和智慧分主從，又以智慧為主。意志則是在許多可能性裏面，選擇一個做出決定付諸實踐。

從「知、情、意」三個階段來看，人工智能在第一個階段──知

識的整理上，有極大的功勞。智慧方面，現在人跟人的偏好、好惡、習慣、是非、對錯，有許多不同的考慮方向，可能是很主觀方面的事情。意志方面更是如此，決定事情要靠自己選擇的標準、尺度和方向做出判斷。

舉個例子，《紅樓夢》裏面林黛玉、薛寶釵兩個人，多數讀者認為賈寶玉最好的選擇是林黛玉，但當時他的親人們認為薛寶釵是更好的媳婦、更好的助手、更好的管家人。而寶玉就是只喜歡林黛玉，不喜歡薛寶釵，所以他打死只認林黛玉為他的愛人。所以這就是個人智慧層面的問題，而不是知識和意志的問題。這種層面的情況人工智能在處理的時候會碰到難關，會不知道該如何處理。

世界發生的事情林林總總，一天幾千件、幾萬件。比如一個車在路上翻了，一個小事件裏面岔出去的可能性、方向很多很多。如何切割前面的因果鏈，切割到多遠，也是一個可考慮的問題。另外一個問題，是考慮「情」與「意」的時候，究竟是以群眾作為考量的前提，還是以個人作為最大的前提？牽扯到這個事情是個人事件還是群體的事件。這又要考慮到如何做決定：多數人面臨共同情況時，做什麼樣的選擇。這就不是人工智能本身可以解決的，內情相當複雜。

從這個方向來看，假如說我們今天選美國總統要投票，一個人進入投票站以前就下決定支持誰了，期間還要看競選相關的記錄、評論、言論。從這個例子也能看到裏頭面臨的難題：國政的複雜是一方面，總統個人處理國政的風格和能力是另一方面；這兩方面怎麼拼接在一起，誰的估計、誰的分析最可靠，這又是另外一個問題。我們吸收的資訊這麼多，都來自不同方向；如果只篩選對我們有利的方向，這也是一個問題。

這不是一個人工智能可以處理的，有許多主觀的因素、客觀的因

素，很多層面牽扯到後面的「情」與「意」的問題。還有，大數據的界限在哪裏？大數據需要涵蓋多長時間段的數據？測出來的方向能夠涵蓋住多大的範圍？這都是我們人需要考慮的。

假如所有的數據資料是一樣的品質，處理起來好辦；但現實情況是，數據庫收集的資料不見得有同樣的品質，因為它不是預先設定的。所以，人工智能有處理資料方面的不足，如何處理資料品質之間的差異，也是比較困難的事情。

擁有海量數據以後，可以降低錯誤、偏差的比例。但收集太大的數據以後，同樣也會面臨困難：不知道如何將這裏面的資料所含的錯誤摘出來。這就是人工智能發展過程中，許多專家們要在行業當中去注意的難題。

目前我們運用人工智能的情況，就等於是希臘神話當中普羅米修斯掌握用火的能力。上帝很憤怒——你們知道用火了，以後我的地位怎麼辦？希臘傳說中的上帝是雷電之神，雷電是火的來源。但現在我們人已經掌握了用火的能力，從蒸汽機以後到現在，我們能夠越來越便捷地使用火，用火的範圍也越來越廣。當今時代的我們，已經不是傳說中普羅米修斯面對上帝宙斯那樣的情形，我們不會被掛在高加索山的岩石上，經受風吹雨打的苦行——我們面臨的是自身選擇的問題。

人類一路發展到今天，要靠很多智慧。人在生物發展的演化路線上，從一個主流分叉出去。分出來的支流，面對它正在身處的大環境、小環境，不斷調適自己適應新環境的條件，生成不同的結構、不同的功能。發展最複雜的一條線，就延伸到了人類了。人類不像其他生物，面臨環境被動地適應，人類可以主動地改變環境。面對自然，人類已經取得了主動權。

在我們的生命進化樹上，人類發展到最後一個分杈——猿人到現

目前我們運用人工智能的情況，就等於是希臘神話當中普羅米修斯掌握用火的
能力。上帝很憤怒——你們知道用火了，以後我的地位怎麼辦？圖為魯本斯名
畫《被縛的普羅米修斯》。

代智人（homosapien）。「sapien」這個詞的意思是「能辨」，我的老師李濟先生拿著英文字母翻譯給我們聽：「homo」是人類，「sapien」是「分別、辨別、決定」，「homosapien」是「有辨別能力的人種」。

「辨別能力」四個字，如何落實在人工智能上？會面對怎樣的挑戰？這是第一次我們假手過去人類累積的每一個個案的處理經驗，包括知識處理、儲存的處理、技術的處理，藉助過去無數人的總體經驗，綜合出一個新的人類智慧。這是很了不起的成就，但其中也有很大的我們必須要面對的困難。

第一，「知、情、意」是我們從知識到智慧、到意志的三個步驟：「知」是知覺和感覺；「情」涉及情感的問題，抉擇的問題；「意」涉及我們做出判斷以後的決斷。第一個步驟是客觀的存在，第二個步驟牽扯到自己的情緒、情感，牽扯到做出決定要經過慎重的考慮，這叫智慧。意志也就是「做決定」，我看重哪個理由我就如何決定。

在這方面來講，佛家對「知」是怎麼認識的呢？佛教從開頭就懷疑知識和感覺，認為感覺很多時候是靠不住的，有很多錯覺、幻覺混入形成感覺，這種感覺並不是直接、客觀的觀察。這是佛教《華嚴經》《楞伽經》中所論述的很重要的課題。就像我們吃進去酸甜苦辣鹹，但每個人吃酸甜苦辣鹹的味道的時候，感覺都是不同的，都有不同的喜惡。從酸甜苦辣鹹種種感受建構起來的智慧，就更有差異了。

《華嚴經》告訴我們，人間有無數的智慧，像無數的天地一樣。無數的天地和無數的智慧之間的取捨，我們怎麼做決定？一個人的意志、一時的意志、將來的意志、過去的意志，面臨如此種種，我們也很難決定。因此，單純知識的獲取對於人生是沒有幫助的，佛家的意志是只求慈悲。

中國道家莊子的思想更有特點，他說七竅開而混沌死。混沌是傳說

中國道家莊子的思想更有特點，他說七竅開而混
沌死。開了竅的混沌能看、能聽、能感覺，可混
沌也就不再是混沌了。現在的大數據處理信息的
模式，就如同莊子所說的「混沌」。圖為古籍中的
莊子畫像。

中的中央之帝，南海之帝儵和北海之帝忽在混沌的屬地上相遇，混沌對他們很好。儵和忽覺得人都有七竅，混沌卻一竅都沒有。為了報答混沌，他們每天給混沌鑿通一竅。到了第七天，混沌的眼睛開了，耳朵開了，鼻子開了，嘴巴也開了──混沌死了。開了竅的混沌能看、能聽、能感覺，可混沌也就不再是混沌了。

現在的大數據處理信息的模式，就如同莊子所說的「混沌」。他有自己的錯誤、有自己的偏差，這個偏差錯誤是不是必然存在？偏差如果躲不開，該怎麼面對、處理它？這就變成很重要的課題。

人類實際上已經掌握了自身進化的鑰匙

前面我向大家報告的時候，說到一位法國的神父叫德日進。他在中國長期從事北京人的研究，對古人類進化過程的研究很有貢獻。可他又是天主教的神父──進化論的觀念裏是沒有神的，但天主教的觀念是把神擺在最上面，怎麼理順這兩個的矛盾？

德日進對此進行了理論上的調和：他認為在生物演化過程當中，每個物種在每一階段都由神賦予了特殊的稟賦。從上帝造人以後，神賜給了人類一些能力，是「智」。我們演化到人的地位的時候，具有的能力就是「智」。這種神賜予人類的特殊恩典，德日進以 α 來代表，智慧的人類由此開始；將來人類演化的最終狀態是上帝的全知全能，德日進以 Ω 來代表，上帝本身是絕對的「智」的總和。

倒過來講，這個 Ω 代表的終極智慧已經在那裏了。在無窮無限無邊的「智」當中，一開始分給人類的只是一小塊。這一小塊也許能成長、也許會擴大，等到有一天成長到一定的地步，還要交還給上帝。個

人的生命終結，是你拿你的「智」交還給上帝——α 回到 Ω。這個理論體系的解釋，是違背教廷裏神學傳統的，所以德日進被教廷開除神父身份，受到教廷的禁閉。回到法國以後，到他死前恢復了他演講的權利，恢復他作為神父告解的權利。教廷給他的這個懲罰很重，比當年懲罰伽利略的程度更重一點。

當年「日心說」與「地心說」兩種理論的辯論中，伽利略認為地球繞著太陽轉，太陽繞著宇宙轉；教廷則堅持認為宇宙繞著太陽轉，太陽繞著地球轉，也就是宇宙繞著地球轉。伽利略被教廷問罪上了法庭，在法庭上他被迫跪下懺悔、認罪，他遵照法官的要求唸了一堆的條文——我只接受宇宙繞著地球轉，太陽繞著地球轉。但是他站起來的時候說：可地球還是在動，地球繞著太陽轉。

德日進到死也沒有承認他的「錯誤」，他的這個理論對我們來說也是很重要的。人類具有人的智慧，是諸種生物當中進化最後一步的產物。再往後面走，是我們自己擁有繼續往前演化的能力呢，還是我們沒有這個能力？

假如我們揣摩德日進的話，其實我們已經擁有得到知識、智慧、意志的能力了。人類實際上已經掌握了自己演化的鑰匙，我們已經從 α 回到 Ω 了。這個神權部分我不能再講更多了，到此為止。

張康，高山書院 2020 級學員，澳門科技大學醫學院教授，哈佛大學醫學博士、遺傳學博士，世界眼科人物最具影響力一百強

張康：和美國以及其他國家相比，中國發展和應用人工智能有什麼優勢和短板？我們如何取長補短？

許倬雲：這裏面的重點在於：第一，什麼是人工智能技術進步的驅動力；第二，誰做裁判。在美國，新技術的進步是市場驅動；在中國，由於政治體制不一樣、社會結構不一樣，有相當大的一部分的驅動力是公權力，也有相當大的一部分是學校支持和認可的研究力量在推動技術進步。所以，中國和美國在人工智能的發展方面沒有長短板的問題，起跑點都差不多。

我對人工智能的認識是——人工智能利用運算很快的大型計算機，在大量的材料之中挑出我們關心的問題加以分析計算。有關人工智能的問題，基本上都是複雜的統計學問題，在每個階段做出「Yes」或者「No」的選擇。整個程序很複雜，因為計算機計算速度很快，最新型的計算機每秒鐘能運算億萬次。而人類的眼睛、語言的交換速度都沒有這麼快，這就是人工智能的優勢。

但人工智能本身不能替代人腦。人腦裏有許多出乎意料的東

西，每個人腦子裏儲存的素材很不一樣。人工智能要抹殺人腦存儲的素材，完全依靠機器存儲，使用者往大腦裏植入芯片作為輸入和存儲介質。純粹輸進去的東西是「Garbage in, Garbage out」（往計算機輸入一堆垃圾數據，輸出的一定是一堆垃圾數據）。人腦很難量度，其容量要比任何機器都大，運轉速度也不是任何機器可以想象的。所以，人工智能到目前才是剛剛起步。

論人工智能相關的設備，中美一樣多。論相關領域的科研力量，第一階段依靠大量的人工將數據輸送進去，先不管是否能做到有效的輸出，這個人力方面消耗非常大。中國人多，比美國僱傭人力要容易得多，可以大量地用人工輸入數據，這是中國的長處。短處是問題意識，中國人能否提出有價值、有突破性的問題供人工智能分析、處理。如果中國的這項研究是公權力主導的話，可能我們提出的問題會有局限性。美國是自由的市場經濟，他提的問題你不知道會從哪裏迸發出來。

所以，基本上還是兩個社會、兩種文化的不同之處決定了將來的競爭，可是這個競爭沒有誰贏誰輸的問題。人工智能的使用本身，我覺得大家都會比賽，但人多者取勝。中美兩邊有基本的社會條件、文化因素約束，但都要靠大量的工作來證明。

隨著處理信息數量的累積，人工智能會持續進步，它學到上一個課題的資料以後不會忘記，處理那套資料學到的邏輯它會持續使用、升級，用來處理後續的數據。有人說：那就應該制止它根據經驗亂套邏輯，這樣會找不到本來的目的。但我覺得最好不要制止它，人工智能自己設想課題這很好，主動權、能動性很大，如此一來，它就越來越接近人的處理信息的模式了。

可惜的是，我們越來越把人本來主動找課題、主動找答案的權

利剝奪了，找了機器來代替人的能力。我們自己剝奪了比今天的計算機能幹無數倍的天然機器的能力，就是你我的腦子尋找問題、思考問題的能力。

文廚，高山書院創辦人兼校長

文廚：我之前見過 Geoffrey Hinton、Yann LeCun 和 Yoshua Bengio 這幾位人工智能領域的開創性人物，他們在算法方面有開創性的突破。在科技圈，大家認為科學基礎研究還是美國走在前面，國內因為有數據的優勢可以更好地進行實際的應用，在應用層面有很多地方比如視覺識別、語音、癌症治療有可能走在美國前面。

許倬雲：對於你剛剛講的，我也有想法產生。美國之所以把人工智能提上日程：第一，他們的工業自動化生產需要更為快速的設計、生產方案。比如福特汽車過去將生產流程切成十二個環節，現在則細分為幾百上千個環節。如今的汽車生產企業裝配汽車的速度快了，自動化程度越來越高。每一個階段切分得越小，動作越簡單越容易精準，各環節能很快地配合在一起，零件到點、裝配到點，這是工業自動化流程。把不可測的環境考慮在可測知的範圍之內，是工廠流轉與自動化生產之間的差別。第二，美國交通的管制是比較混亂的，而且交警的人力不夠用。因此大家想到，大量的人口移動可以使用自動化智能交通工具來保證有序高效。第三是經濟決策的設計。比如，證券交易所裏那些股票的漲和跌如何預判？每一秒鐘有新的股票交易，新交易的賺和賠與所處行業全球的賺和賠配合在一起，這些都需要極其複雜的運算。過去股票操作靠交易員的直

覺，現在幾乎每一個交易員手上都有一套數據系統。機器根據大量的數據一計算，看漲還是看跌，可以很快做出決定。

政府的決策者在戰場上應該利用人工智能的大數據運算，在經濟鬥爭中同樣如此。這樣人工智能能夠隨著實踐活學活用，而且走的方向是各走各的路。多種的需求、多種的條件，決定了人工智能多種的發展方向。

人工智能的智慧與天然的人的智慧之間還有很大的區別。人的記憶存儲量之大，不是普通機器能匹配的；人的分析和聯繫資料的能力之快，考慮之周全，也不是目前的機器能及的。我們對人工智能要寄予希望，但也不能希望它是另外一個「人」，不能希望它成為超人類的「人類」。

陳航，ReadyAI 創始人，美國厚仁教育集團 CEO

陳航：從 1950 年第一個人工智能程序在卡內基梅隆大學產生，人工智能逐漸帶來第四次工業革命。人工智能通過更多的數據分析和歸納，會更多直接同社會、生活、政府產生交互，對我們的工作和生活帶來改善和衝擊。人工智能與中美文化、社會生活有什麼交集？

許倬雲：中國政府管理的傳統——文官系統起源很早，周朝以前就開始了，但完全成熟是戰國時期的國家體制。戰國七雄裏面每個國家，人口上千萬、佔地五六個省，都不是小國家，與今天世界上的中等人口國家差不多。他們怎麼管理國家？

中國很早就用數據來對國家進行管理，秦漢政府的檔案裏面有

地圖、文卷、收稅的數據等資料流傳下來，還有法律文件出土。歐洲要到近代國家出現以後，才有根據資料、圖表、數據來管理國家的經驗。中國在這方面的經驗很早，蕭何打到秦國首都，第一樁事情是佔領它的資料庫，拿它的地圖和收稅資料。這一點，項羽從來沒懂。他駐在秦國的關中很久，都沒有拿這些資料。兩下較量，項羽輸了。

再談打仗，大家最熟悉的《孫子兵法》，孫子是第一個主張在戰爭中使用「計算」的人——「多算者勝，少算者負」。根據手頭掌握的資料算得越多，贏的幾率越大；算得越少，輸的幾率就越大。中國歷史上，政府分析、使用大資料是家常事情。每一朝的正史都有誌書，包括地理誌、食貨誌等等，有關生產能力、收稅條件、專利、消費項目等等的資料都清清楚楚。這麼詳細的資料庫，兩千年來在中國不斷。

我認為，大數據搜集起來不難，在大數據間建立關聯也很容易。問題是搜集回來資料一大堆，要儲存在哪裏？而且資料要能夠處理得整齊劃一，可以用來計算。真要論起來，我們每天吃飯、買菜用的都是大數據的計算——腦子裏面的「人工智能」。選什麼材料——「Garbage in, Garbage out」，問什麼問題——「Yes」and「No」。這些與日常生活很有關係，人工智能處理信息的思路在日常生活裏可以用手上掌握的小數據延伸到大數據上。

我寫的《許倬雲說美國》這本書只有三百多頁，其實我再寫十倍厚都可以，數據都在日常生活中。以《紐約時報》為例，一天的《紐約時報》可以衍生出十八本書，這十八本書所含的信息，可以提供一個將軍打一次仗的靈感素材。

王翔，原小米集團總裁，現任小米集團合夥人、高級顧問

王翔：人工智能的算法和相關的技術近幾年來迅速進入了人類生活的各個領域。有些技術的應用可大幅度提升工作和生產效率，改善人類的生活品質。但另一些可能會傷害個人隱私，甚至和其他基本權利發生直接衝突。人類應如何應對？

許倬雲：真正的大數據算出來的東西是不屬於任何個人的，而是屬於人群的。大數據算出來的是某一個時代、某一個地理環境裏面，某一個群體、某一個工業（或產業）的情況如何，或者某一個產品的未來如何。做更大範圍的延伸，算出來的是甲乙兩國之間的戰爭，究竟是快速打仗、打完拉倒，還是會拖著耗下去。這些計算不會牽涉個人問題。

　　個人問題是私人的問題，大數據的「大」就在超越私人，得出的是群像、通像，不會有特別的傾向。我們不會針對某個個人平時的行為用大數據分析，分析個人不需要大數據。我覺得大數據與個人隱私不大相干。

　　大數據很難牽扯到一個有名有姓的個人，很難牽扯到一個人本身的基本權利，但是使一個階層的群體受到損傷的情況或許會發生。比如經過大數據計算後認定某種工廠不可能賺錢，人工智能判斷是「不用開了」，這個結論的結果是幾十萬工人馬上失業。

　　有人說農業已經不需要人來幹了，機械化農業用精準的做法、用自動管理來控制農業生產的各個環節，不需要幾個農夫。這說法沒錯，但是這樣做的話，我們就缺少了主動改善的機會。個別農夫看到好的品種會留下改種，看到以前沒有見過的植物會觀察這個植物，它有什麼好處有什麼壞處。這就是農夫種田與機器種田的差

別，機器種田不管田裏的是西瓜、南瓜、冬瓜，走一遍過去都收下來。農夫會質疑：西瓜田裏怎麼出現了南瓜？

　　人的因素拿走以後，人工智能還算不算「智能」？它需要靠另外一次改進數據的革命，來改進機器的運算方式。

如何認識人類在宇宙中的位置

所謂「成住壞空」，這是萬事萬物發展的必然。

那麼，從失序到最終崩潰，這中間是怎麼走過去的？

有沒有改變、調整的可能？崩潰以後又該如何重建秩序？

從十七世紀開始，歐洲由思想革命走向理性革命，人們擺脫了教會、教條的拘束，開始尋找自己對所在宇宙的理解，這在科學發展部分尤其顯著。

達爾文進化論是牛頓經典力學在人間的體現

人文社會科學部分的發展，是尋找新的政治制度代替過去陳陳相因的封建社會和教會政治等。這一時期，歐洲逐漸走向開放的商業活動，形成了新的經濟模式和新的資本主義。在政治制度方面，資本主義發展形成了市民社會，社會變成開放的社會、進取的社會。

在自然科學方面的進展，則是以牛頓經典力學體系作為代表。根據牛頓經典力學中的萬有引力論，世界當中有許多力量互相牽扯，各種力量的來去牽扯之間，逐漸形成大的均衡狀態維持下來。物質與能量之間，又可以靠著互相牽扯的力量相互轉換。

這個宇宙普遍存在反作用力（reaction），也就是說每一個動作都會遭遇反饋、反應。這個宇宙是可以預測的，簡單、明白、可預測，這種宇宙秩序似乎看來是永恆的。所以牛頓的物理學、宇宙定理被看作永恆的定理，世界的穩定性也靠著動力裏面互相的萬有引力之間構成了永恆的均衡。

上面所説的，是理想的科學模型。我們要創造的理想的政治制度，人際的互動逐漸形成的民主自由的社會也一樣。科學的發展，以及人間的秩序發展，幾乎是平行而對應地在進行。過了這個階段，才發現還有一個可能性：人際的社會是如此發展，自然的發展是否也是這樣呢？

於是，人們開始著眼於自然演化的研究。根據達爾文的研究成果，生物是從簡單的生物發展到高級的生物，最後發展到人類的。這個演化過程，是從一種單純的形態分叉出許多不同的異型；如此種種分支的類型各自適應所在的環境，發展出更適合於環境的新的形態，最後發展到最高點就是人類。人類有能力自己做主張、辨別是非，也有能力創造自己的生活環境，尋找食物以至生產食物。人靠雙手獲取生存、生活物資，而不僅是靠自然環境中的資源，人還能靠智力和體力創造自己的生活，取得資源組織發展自己。

從最低等的生物一步步發展，一步步由簡單到複雜，不斷發展進步，最後才演化出來人類。這種進步的觀念之所以產生，反映的其實也是牛頓經典力學與達爾文進化論相結合的現象。從簡單到複雜，到不斷地演化、不斷地進步，進步史觀變成科學史觀。一方面人們認為科學有定理，另一方面，人們發現科學觀察的對象是不斷進步發展的。在現代科學剛出現的時候，人們的理想是在科學與人文之間建立兩條平行演進的路。

為什麼演化論會有終止的那一天？

但人們慢慢發現這個模型不盡如人意，因為牛頓經典力學的秩序顯

得太固定、太簡單了，無法解釋許多複雜的現象。而且在那時人們也開始理解到，大的集團也罷、小的集團也罷，大的個體也罷、小的個體也罷，都可以進一步細分。一個太陽系裏面，有許多行星系統，一個恆星（比如太陽）有許多行星圍繞著它轉；行星周邊可能還圍繞有小衛星，比如月亮作為衛星繞著地球轉。這種層層節節的次序，在自然界當中每一步向外擴張、向裏分割，都發現其內在秩序本身的架構。然而，這個架構不能完全用「平衡」兩個字解釋。還有這個結構為什麼會分化？分化之後，各種小的部分怎麼樣和全體合一？若是從「整體」而言，最大的、終極的邊界在哪裏？這個也是牛頓經典力學體系面臨的挑戰，使得牛頓主義不能不改變、往前發展。

過去我們從演化論的角度解釋，認為人類就是從單細胞生物一路演化發展而來的。從人類學上講，從動物演變到人類社會，這種演變是如何發生的？這是階段性的。近古的人類學家將人類社會演化的進程劃分為各個演化的階段，每個階段是必定需要經過的階梯。等到轉變成為歷史唯物主義的時候，馬克思根據摩根的人類學，用非常不完美的人類學的調查模型，建構了五個階段的人類演化論：原始社會、奴隸社會、封建社會、資本主義、社會主義。公平而均衡的工人執政、勞動者執政的新社會就是最終的社會主義階段，這個秩序是馬列主義認為的人類社會必然的演化過程。大家認為這五個階段的人類社會是歷史的定律、歷史的鐵律，等於天命一樣。這是歷史賦予人類的一個「定命」，人類必須選擇這個「定命」走，才會一步步向上升，而到最終完全實現社會主義階段。

那麼，為什麼人類社會演化到最後，反而不能進一步演化了？這是大的疑問。這種想法，無論是自然科學的進化論也罷、人類的演化論也罷，都會面臨挑戰。到了後面，如何處理演化之中內部的分裂，如何處

理演化後期的老化問題，都是需要慎重思考、討論的無可規避的重大課題。

系統內部的老化與退化

所謂的「老化」，是指一個完備系統內部各環節互相適應的模式，到後來漸漸失序，最終迎來崩潰——所謂「成住壞空」，這是萬事萬物發展的必然。那麼，從失序到最終崩潰，這中間是怎麼走過去的？有沒有改變、調整的可能？崩潰以後又該如何重建秩序？這都是需要面對的新的課題。面對種種疑問，樂觀的演化論或僵化的人類演化論體系，都面臨很大的挑戰。

二戰以後，人類面臨很多前所未有的新局面。二戰期間人類發明了原子彈，美國就曾用它來轟炸過日本的長崎和廣島，這種毀天滅地的力量非常可怕。我們已經創造出可以毀滅地球的武器，那麼我們要反省：人類為什麼要這樣做？我們所處的世界本來可以安全地存續很久，為什麼要發明出這種武器，引爆出人類自我毀滅的危機？青黴素的出現，是人類第一次理解可以將微小的生命體培養成一個力量，放入病人身體中與擾亂身體平衡的細胞作戰。換句話說，我們用人類的力量顛覆、參與、介入了天然本來的秩序。

現代科技威力極大，可以影響到整個人類社會乃至宇宙的秩序。這種技術上的不斷突破是福是禍？我們對宇宙本身有多了解？在這個時候我們才開始發現，科學家未來肯定是要挑戰愛因斯坦提出的「相對論」。我們必須要不斷地在原子內部的微觀粒子層面，一步步深入探討。這條路人類究竟可以走多遠？每一個地方的顆粒，它是在哪裏形成

二戰期間人類發明了原子彈，美國就曾用它來轟炸過日本的長崎和廣島，這種毀天滅地的力量非常可怕。圖為被原子彈轟炸後，成為廢墟的廣島。

的？很多粒子聚合在一起互相牽扯，是不是可以影響引力或是別的方面？微觀粒子的運動，有局限、有方向、有意義嗎？這都是很重要的課題，我們無法一時解答。

現代物理學之所以能持續發展，就在於這一路的追問。我們尋找答案的努力，使得我們不斷地發現新的課題、新的疑問。比如我們在解釋一個粒子穿過一個障礙（量子穿隧）的時候，是變成了另外的粒子還是保持為原來的粒子？這就引發很多「存在」與「不存在」的問題。

這種很專門的微觀問題，在科學上被認為是實驗室裏的問題。其實裏面的理論、道理，一樣可以用到觀測大型星體之間的移動上，甚至轉化到人文社會科學研究上。比如人文社會體的分分合合、老化和退化，這些都可以變成重要的課題，建立一套解釋的理論框架。

「摸著石頭過河」的價值和意義

當今時代，我們面臨一個全新的動態社會。不但單元與單元之間有相互匹配的關係，每個單元裏面又分割成無數的更小的單元。我們解釋一個結構體系，必須同時解釋到結構的內部和外部，包括內外之間究竟有幾個層次的關係，才可以解釋清楚，這都是我們解釋、認識事物的思考模式。

經由這種科學的思考方式研究問題，就不能像牛頓時代一樣認為自己肯定能找到「定律」。我們沒有這種信心，也沒有這種信念。因為，這個思考、探索的過程面臨了一大串的疑問有待認識、有待解答。與牛頓時代用一大串的 yes 和 no 就下判斷的心態已經完全不一樣，現在我們還在這個對生命充滿疑惑，不斷探索的階段裏面。在最活躍的研究領

域裏，生命科學也罷，群體生命之間的關係問題也罷，這些是將來我們人類重建自己的思想體系，解釋自己存在的環境為何如此必須要做的工作。

自從面對了西方的堅船利炮及隨之而來的西學東漸後，中國就失去了主權、失去了領土、失去了自尊。中國開始模仿西方，第一階段是購買西方的設備比如軍艦，第二階段是中國開始嘗試自己生產——後來發現前兩個階段的措施都不夠用了，因為造和買永遠是跟著人家走，才有了第三個階段：中國培養自己的科學家來參與世界文明的生成，共同尋找許多終級問題的答案。

這就超越了當年的模仿，也超越了模仿過程當中對西方的崇拜。比如說對自由主義，對以美國為代表的西方民主自由政治。近代中國曾經有人把它們當作普世價值，因為它們經過實驗證明確實有效，讓美國成為一個富足、強盛的國家。但就現在美國的社會來看，這套方式確實已經不行了。在今天，曾經富強一時的美國民主社會，面對著快要被改變的局面，已經到了非要蛻變不可的局面。

中國當前的政治體制不同於西方，但是對西方科技的崇拜還存在著。曾經，中國介紹過西方的「德先生」和「賽先生」進來，這是「五四」時期的口號：「德先生」是剛才講到的民主社會（democracy），「賽先生」是科學（science）。

但是，如果認為一切問題都能由科學這把萬能鑰匙解決，這種態度就等於巫師手上有一個可以打開所有門戶的符咒一樣，這個符咒就是「現代科學」四個字。片面的「科學主義」四個字的影響，對中國長期造成的負面的影響極大。比如，有些人思考問題不能跟著現實走。現階段的科學研究必須在開放自由中尋找，這是現實的複雜局面千變萬化之後，我們必須面對的事實。如果崇拜一種方法來解開魔咒的話，那魔咒

中華民國八年五月四日北京學界遊大會被拘物之北京高師愛國學生七日返校時攝

中國當前的政治體制不同於西方，但是對西方科技的崇拜還存在著。曾經，中國介紹過西方的「德先生」和「賽先生」進來，這是「五四」時期的口號。圖為五四運動遊行中，被捕的北京高師愛國學生被釋放返校後留影。

永遠解不開，因為要打開的門戶本身時刻都在變化。你只有一把鑰匙，門卻時時在換鎖。

我們只有擺脫過去的拘束，才能夠面對這個世界重要的事實：天下無時不變，變化是永遠存在的。如果我們接受這個事實的話，我們將可以面對一切更真實、更具體的問題，能更清楚地處理自己的問題，也能更清楚地面對未來可能的變化，並做種種的預測來應對。

正如鄧小平所說：摸著石頭過河。我們對河水的深淺、寬窄、大小都不清楚，過這條河的時候，必須要一個個石頭摸過去，不能說一跳三步地跳過去。底下沒有橋、沒有路，面上也沒有橋、沒有船，我們必須慢慢一步步試，不斷嘗試、不斷努力才可以走過去。

我們面對疑問是永遠開放的，尋找疑問的答案也永遠可以有許多的可能性。許多可能性需要一條條摸、一條條找，找出也許僅僅在這個階段有用的答案。因此，我們人類對自己問題的解決、對自然問題的回答，都應當是逐步走直線——時時刻刻準備面對問題本身的改變，而尋找更適宜的方式去處理這些問題。這也是我個人的想法，我盼望對大家有用。

問道
許先生

王曉峰，北京天文館館長

王曉峰：現代天文學的觀測研究表明，人類所居住的地球、太陽系甚至是銀河系，只是可觀測宇宙的滄海一粟。由此看來，人類在宇宙中應當沒有特殊性。從宇宙的視角看，不同國家和民族更應當協作共同應對地球所面臨的各種危機。但要使得全人類正確認知我們在宇宙中的位置，可謂任重而道遠。許先生，您怎麼看？

許倬雲：科學家們替人類尋找太空裏的各種各樣的事情，我們得到的知識只是滄海一粟。大宇宙裏面的許多奧秘、許多現象，有的我們看不見，有的還力所不能及，沒有工具可以看見。社會上還繼承著過去非常不完整的天文知識，而這些知識留下的空洞不是靠科學進展來填補，反而常常以民族信仰為名，對錯誤的知識進行延伸和傳承。

比如現在的老百姓甚至是很多讀過書的人，聽到「二十八星宿」這個說法的時候，腦子裏面還會留著過去傳統意義上對天文的分區，以及古人繪製的簡單的平面分佈圖的樣子。其實，「二十八星宿」是民族信仰把肉眼所見、假想的天上的道路，當作真實的天體分佈的圖像。於是，巨大的天象與微小的人生之間形成了聯繫，

如歲星衝撞會攪亂人間的秩序，天象的變動會影響我們生命裏面的許多大小事情，甚至危及國事、天下事。這種從古老中國形而上學假想出來的天文學，加上從印度、希臘等地傳進來的假想的天文學，配合形成一個明清以後的天文圖，這個天文圖今天還在老百姓的心目中作祟。我們日常生活中常見的星座系統，用的是古希臘發展出的一套傳統的天文學知識體系。中國是利用星象來占卜吉凶，用的是李淳風這類歷史上的太史令，或者皇家天文臺觀測者的理論。

對於這一點，我常常感覺奇怪：我們的物理教科書、常識教科書都沒有對今天天文所見的現象有足夠的介紹。於是我們一般的老百姓讀完大學，都不見得能夠理解現代科學在這方面的研究成果。甚至社會上也沒有足夠的用通俗易懂的語言介紹相關知識的書籍，我盼望天文學界的同仁們能多寫一些科普作品，用通俗易懂的語言把知識傳給大家。

渺渺太空，人類只是很小的一塊。佛經裏講的「恆河沙數」，每個恆河沙裏面有另外一個大的世界。我們只是那個世界裏的一個小粒子，實在看不見什麼。有些人爭辯問題的時候如果能夠認識到這點，或許就可以想得稍微遠一些：那麼大的天地宇宙，我們個體遭受的小小的辛苦算什麼呢？為什麼我要爭來爭去，爭名爭利？甚至想通過扭曲一些現象、事實，套用天文學的假知識來證明我有天命？

顏毅華，中國科學院國家天文臺研究員，明安圖太陽射電研究首席研究員

顏毅華：從古代中國甚至到現在，人們總是對天有很神秘的敬重，

但是對自然卻隨意破壞。為什麼會有這樣的問題，許先生您怎麼看？

許倬雲：天文學與其他的科學一樣。我們唸書的人一輩子從測驗、量度、統計，從觀察去尋找現象，再逐步把許多散亂的現象歸納成一團、一串，找出幾個簡單明了的定義來對大的現象、複雜的現象進行初步的解釋，也給後來的研究者一把鑰匙。鑰匙永遠會變，我們找的東西越來越多，鑰匙也會越來越複雜。這是趟永遠沒有盡頭的旅行。

我們做研究工作的人都是沒有盡頭的旅行者，在路上要記錄我們的所見所聞。天文學家記錄下來的所見所聞常常是前所未見、前所未知的，常常會叫人很興奮。對天文現象與人類的關係的理解，答案就在你所工作的地方內蒙古。那裏是一大片草原，天似穹廬，籠罩四野。天在頭上，使我們感覺到，在它的籠罩之下我們人類是多麼渺小。

也因為這樣，在宗教信仰方面，草原民族對天的崇拜和沿海樹林旁邊的居民的自然崇拜不一樣。楚國有森林和海，樹林裏面有動物和植物，海裏面有生物，都可以作為食物，所以他們祭拜的是伸手可及的自然界。但在大草原上，那麼偉大的籠罩在我們頭上的天，人們對天的崇拜就是天是如此大、我們人是如此小。

中國文化裏面對天的崇拜是在周人進入中原前開始發展的，周人將其帶入中原並把它變成天命最重要的一環。孔子解釋是人心與天的結合：天心就是人心，人心就是天心。天的空間無窮無邊，有它的尊嚴，有它的偉大。人心的廣大同樣如此，是不受時間空間限制的。

你在明安圖草原裏的感受，我完全能夠理解。我去過壩上草原，晚上天空漆漆黑黑，星那麼亮、那麼近、又那麼遠。自古以來，對天的崇拜代表了人希望懂得天，也希望在禍福之際天能夠給我們一些趨吉避凶的指示。人類常常太自傲了，在天的面前才謙虛。大宇宙一直在變，人類要更加謙虛、更加自信，不要過分自大、不要過分自傲。

十七世紀從西歐開始，人類自大得要命，認為自己無所不能，可以任意糟蹋這個世界。美國開發的歷史，就是糟蹋天然環境的歷史。美國的開發有多麼迅速、有效，就意味著開發的時候多麼粗魯、粗糙。美國的農業生產很粗魯，用大的機器翻土，一翻就是三尺深；收割的時候連土帶根一起翻，翻的時候用水一沖就把泥土沖掉了。美國人開發土地的過程中，對森林也是一片片地除掉，對自然非常不尊敬、非常傲慢。很不幸，這個習慣在近代的世界、人類現代文明裏面，成了人人都可能做的事。美國捨得這麼做，因為它有北美新大陸的廣闊新天地。別處沒有那麼大的空地可供糟蹋，沒有可以奢侈浪費的地方。

人類對自己要有自信，也應當在偉大而複雜的天然秩序面前有謙卑之心。這種心態對人類的前途是有益處的。

李虎，國際知名先鋒建築師，OPEN 建築事務所創始合夥人

李虎：您如何看待人在自然環境中的位置？我們人類對於這個既強大又脆弱的生態系統的意義是什麼？還有，您相信萬物有靈嗎？

許倬雲：第一個問題。人類在最近的一個世紀裏糟蹋地球的資源數

量之大、範圍之廣，超過前面多少世紀的總和。更因為有了核彈，破壞力也比過去任何時代更危險、更不可控。

日常生活裏面，我們每天都在糟蹋大自然。我住在美國，每一家的後院、前院都有一片綠茵草地。這片草地是沒有太大用處的，除了草以外不長別的東西。每年卻要加肥料、除蟲、除雜草，花那麼多的精力去打理它。

美國為什麼颶風一來，洪水就氾濫得那麼厲害呢？當年美國認為河流要拉得整齊、拉得直，所以對河道截彎取直，還在河流上修築了很多堤壩、閘門，拓寬河流以便運輸。也有用河水來作為灌溉的，也有在大城市旁邊截取河裏的水供給城市飲水——乾淨的水流進去，髒水流出去，越到下游水越髒。世界上的河流很少像美國那樣，大河走到河口時水流反而越來越小，上游把水都用光了。這些都是十九世紀美國工兵部隊整頓全國水域整出來的後果。他們興修的水利工程既不利於水的流通，也不利於自然生態的維持，只是利於他們假想的「方便」。

糟蹋環境方面，美國是始作俑者。因為有一塊沒有主人的大地，任由他們去糟蹋、去浪費。美國人對於水與土如此糟蹋，對於森林也是如此。明明知道林區不能住人，有些人還是住到樹林裏露營、開 Party 等，往往導致山火。大山坡底下，焚風（下坡風的一種）往下吹，下坡風達到一定的溫度就會起火。2018 年的加州大火就持續燒了幾個月，救援力量有四個師，但還要繼續不斷地往裏投。如果這樣發展下去，加州將要燒成一片新的沙漠。像美國這種對自然環境大規模的破壞，人類吃不消，我們不能以他們為榜樣。沒有水、沒有綠色、沒有土地的高樓大廈，不是人類的未來。

貝聿銘先生的建築設計，始終是要把人類居住環境與四周天然

環境調和起來，而不是單純的人類征服天然環境。美國建築師裏面擁有這樣想法的人很少很少。這些都需要經由社會教育，希望大家能夠認識到自然生態的脆弱性。而我們對環境大規模的破壞是如此迅速，將來我們的子孫無處可住的時候怎麼辦？

第二個關於萬物是否有靈的問題，我把自己的親身經歷告訴你。湖北沙市（荊州市沙市區）在荊江邊上，對面就是洞庭湖，過去每年都會發大水。抗戰期間，有一年，我和父母住在沙市江邊上的房子裏。忽然看見地上的螞蟻都出來了，後院的螞蟻也出來了。當地的老住戶説：「螞蟻都出來不好，最近蛇也出來了，有很多小蟲子、大蟲子甚至連地底下的蚯蚓都出來了，馬上要發大水。」出來的螞蟻爬得我家房子前前後後都是，工人要拿火來燒，我母親説：「不要燒，這是生命。」我們用大的木筐裝了土放到二樓走廊上，螞蟻沿著柱子一直往上爬，最後二樓走廊上滿是螞蟻。我們逃難逃到二樓，螞蟻也逃難逃到二樓。大概四天後，大洪水就發生了。

還有一個例子是抗戰時我在農村逃難，隔壁的農家有個老農，他的老牛天天跟他去犁田。有一天我坐在廣場上的磨盤上面，旁邊有一口井供全村的人汲水、洗衣服，人們也會聚集在旁邊聊天。我忽然聽見牛大聲地叫，大家也受驚了，説「牛有問題，趕快去看」。只見老農癱在水田裏，已經沒有力氣了；老牛正在大聲地叫，想要掙脫自己身上的犁。大家趕到之後把人救了，把牛也救了。牛平常不會大叫的，這一次老牛知道靠自己解救不了主人，必定要大叫，這就是靈性。

美國幾乎家家都有寵物，人們養了些小貓小狗。小貓小狗不會講話，但人講的話牠們幾乎都能聽懂，與人溝通得很好。我相信，

世界上每一種生物都有靈性。

毛淑德，清華大學天文系主任，中國科學院國家天文臺研究員

毛淑德：您對宇宙的「可理解性」有什麼看法？為什麼宇宙是這麼簡單、這麼可理解，而不是更加無序、完全無法理解的呢？

許倬雲：我們希望看見秩序，我們把一些現象組織在秩序之下，在組織的理論之下加以解釋——這種理論與解釋都是人類創造的。

我相信茫茫宇宙的某個星系裏面有個星球上面也有一批類似我們人類的生命體，那個生命體的智慧可能已經超越我們。人類得到的許多外層空間來的信息中有許多莫名其妙的符號，也許是天地之間能量放出來的波，也許是在別處也有智慧生命在嘗試詢問：「宇宙之中哪裏有高等的智慧生命出現？」

對比地球上生命演化到今天的時間，或許別處生命的演化時間比我們更長久。這又產生新的問題：時間究竟是相對的還是絕對的？這是很大的麻煩事。時間本身要界定時間是我們的難題，空間界定空間也是我們的難題。人類的智慧只能界定到我們可以算得到的空間，可以顯示到的時間。可能還有其他空間、時間，我們到現在還不知道。在未知的宇宙深處，是不是有智慧生命已經知道了？我們看不見，也很難說。

但我們人類有野心，希望找出條理，希望歸納出規則。但這個條理和規則都是在我們能夠界定的人類智慧可見的範圍之內，我們盡量做到。自然科學也罷、任何學科也罷，其實都必須在這個界定這個假設之下，盡我們的努力。

我們都希望有秩序，這就是很了不起的事情。不僅僅是人，其他生物裏面也有很多喜歡秩序的，比如螞蟻、蜜蜂。蜂巢裏的規劃多整齊、多好——所有的六角、六邊都在一起，一點縫隙不露。人類並不是天生就能發現六角形，但蜜蜂一下子就找到了六角形來建設蜂巢。當然，我們也不知道蜜蜂有沒有嘗試過別的形狀。

還有大雁遷徙的時候，幾百隻大雁一起往南飛，有序的排列使牠們能夠共同創造出一個結構減小風阻。大海裏的魚群順著洋流游，同一類的魚群牠們的尾巴同時搖動造成了後面的回流，這個回流能助推牠們的速度。這些動物沒有經過實驗推演，沒有經過考試，沒有人教，可牠們也慢慢掌握了規律。每一條小魚、每一隻小雁都能夠知道按時歸隊，跟著大潮流一起跑，找到新的目的地。如此種種，都是非常值得尊敬、值得欣賞的智慧。

文廚，高山書院創辦人兼校長

文廚：許先生，最後請您為高山書院的師生、GMIC 的朋友們說幾句話，也為今天的課程做一個小結。

許倬雲：今天從各位的啟示裏得到非常多的益處，我心裏面很感激。我覺得大家的想法已經非常接近。也因為接近的緣故，我們面臨的問題都一樣。那麼複雜、那麼偉大的宇宙圍繞著我們，我們只是其中之一。我們身體內部的結構實際上也等於一個小宇宙，小宇宙裏面還有更小的宇宙——血管裏面的結構是個小宇宙，而血球的結構也是個小宇宙。

這個世界是有秩序的，不是亂來的。但這個秩序是誰規定出

來的？由誰對其加以約束？「理性」兩個字是哪邊的？這個新的課題，簡單點說是上帝給的，但「上帝」是誰？為什麼不同的生物種群，或大或小都有理性？它們的所作所為都是這種理性選擇之下的結果。科學家做的事是有規律、有理性的尋找，這也是人類理性的表現。這個是人類了不起的地方之一，這個「之一」我們學歷史的沒有辦法做到。因為我們牽涉到的因素太亂，不像科學家們可以撤除其他因素的干擾，我們不能撤除人的感情因素。

我希望科學家們領路，人文社會學者們跟著大家走的路，人類能夠共同發現「理性」的後面究竟是什麼東西，大家可以一起找到。

這對我們了解人類身處的自然，了解宇宙，了解秩序都會有所幫助。這是無窮無盡的工作，一代代的人類要持之以恆地進行下去，而且要實時進行校正、修改，實時要找新的課題。我盼望將來沒有人文科學、社會科學跟自然科學三個研究領域的界限，我們都在遵循一個真正美好的秩序。

人類如何建立「理想國」

公權力總是有複雜多元的組織，裏面的成分很複雜，成員間不能享有同樣的福利條件、同樣的平等待遇。而烏托邦則要靠一切平等的構想來達到目的。

理想國 （Utopia） 又被翻譯為「烏托邦」，這三個字無論在英文還是中文世界我們都經常看見。尤其是「烏托邦」這個翻譯方式很「中國」，裏面的「烏」這個字用的是《莊子》裏的「無何有之鄉」這個典故，它包括了一點想象中的「假託」的存在，其實是「不存在」的意思。所以烏托邦也罷，理想國也罷，都是一個相當矛盾的詞彙——我們從內心盼望它有一天能成為現實，但心裏又覺得它不太可能會成為現實。

為什麼烏托邦總有吸引人的地方？

有時候，我們把烏托邦的理想歸置於古希臘柏拉圖提出的各種國家體制當中的一個形態。其實並不是完全如此。固然，柏拉圖以最優等、最上等的政治民主邦 （democracy） 作為理想政治模型，但這個模型裏還是假定有個聖王在那裏制定一些標準，餘下的其他種類的政治制度就是民主邦的退化和變形，在他看來都不好。因此，他的烏托邦多多少少指的是一個民主城邦最優秀、最理想的狀態。

他用「理想國」這個詞彙，來稱呼當時雅典民主城邦的理想狀態。但是，請大家注意，雅典城邦只有五千多「公民」，而雅典的全部居民人口數量大概是公民的二三倍，這還不算上數量更為龐大的奴隸群體。事實上，柏拉圖所說的理想國是屬於少數的統治階層，而不是屬於所有

柏拉圖用「理想國」這個詞彙來稱呼當時雅典民主城邦的理想狀態。事實上，他說的理想國是屬於少數的統治階層，而不是屬於所有公民。圖為拉斐爾名畫《雅典學院》，後排中間居左為柏拉圖。

的公民——其他人不被認為是公民，甚至理應被奴役。

希臘國家的城邦，本身就是由當年雅利安人的掠奪部隊打到了愛琴海邊緣上，停下來在港口、在山頂建立的堡壘發展而來。雅利安人從那些堡壘據點再出發，向四周去攻城略地。城邦體制本身不是一個真正的國家體制，這種內部的不平等規則，顯然是為了處理征服者和被征服者的關係而制定的。作戰部落裏邊的戰士，無論在哪個文化或者哪個時代裏，通常都對這個部落的戰略、戰術有發言權，而他們獲得的擄掠品也要經過公議後分配給所有的戰士。所以戰鬥部落本身具有局部的民主性格，參與戰鬥的內部成員有參與和決定部落事務的特權。這並不是任何一個社群組織共同體，都會必然採取的形態。

今天我們講的烏托邦，其實不是基於柏拉圖所描述的狀態。我想討論的是：烏托邦作為一個現象，為什麼總有吸引人的地方？從希臘過渡到羅馬的時代，羅馬人提倡「太陽城」和「上帝之國」，那一類的設想也不算，因為它講的是宗教性——神用祂的意志治理著祂的本教會的信眾共同組成的共同體。這不是我們認為的烏托邦，因為它有先天的限制、排外性，把不在神的體制之內的人排在「太陽城」之外，這些人不在「太陽城」福利圈之內。

英國的烏托邦與中國的桃花源

我要說的是，我們今天所使用的烏托邦概念與十六世紀一個叫莫爾的人有一定的關係。十六世紀左右，英國紡織業正在興起，養羊比種麥子、種馬鈴薯都要有利，所以養羊的牧場排擠了農民的農場。在地方上的農民看來，英國當時的經濟制度是以羊來驅動人的社會，是貴族排擠

非貴族的社會。這是不公平的，所以莫爾有了這種設想——烏托邦是一個假設的小國寡民的社區，大家一起共同生活，社區裏沒有法律、沒有王者、沒有刑罰，大家相互之間平等而自由。莫爾所設想的烏托邦，等於是沒有政治制度管理，也沒有強制力量讓每個人服從既定規則的社區。

這種理想很像中國歷史上陶淵明所講的桃花源。桃花源這個地方的故事母型，據我們史語所前輩追溯出來，大概在今天長江三峽口上湖北武陵溪這一帶，在當年是少數民族居住的地方。當時的少數民族，最多幾千人聚集在山谷裏，關起門來過日子。他們可以自給自足，因為中國西南的物產豐富，也沒有太大的水災和旱災，而山頂和山谷之間生產出的作物也有很大的差異。所以食物的多樣性和安全性都可以保障，這使得深山谷地裏有一塊肥沃的地方，就能讓幾百人幾千人共同居住，形成一個不需要外來的法律管理就可以獨自存在的社會。這個社會除了部族長老以外，沒有其他人管理他們；他們也可以不跟外面的人接觸，自由自在過日子。

實際上一直到抗戰時期，中國境內依然存在這種少數民族內部自治的聚居地，甚至後來我在中國西南地區轉的時候還是看得見。貴州、雲南、廣西以及湖南的湘西這一帶，還是可以看到類似「桃花源」那樣自治的小社會，甚至於在江西、福建的客家人聚落，也是一個如此的小社會。所以，陶淵明所描繪的桃花源裏「不知有漢，無論魏晉」的社會，它不是一個假想，而是一個長期存在於中國邊遠地區的事實。

在莫爾講的英國式的烏托邦，實際上與英國當時新出現的重商主義政府有相當的衝突。當時的政府幾乎可以使用一切的公權力從事對外貿易，發動對外掠奪的殖民和開拓，這個和小國寡民的烏托邦有很嚴重的衝突。

早期美國與以色列的「烏托邦試驗」

美國立國的時候，新英格蘭一帶最早建立的小的殖民社區，採用的也是近似於莫爾所提出的烏托邦的民間自治。最多幾百家居住在一個小地方，除了教會以外沒有別的力量介入。他們過自己的生活，對外保持天然環境的恬靜、優雅、安全，對內則是以平等、互惠、自由、互助的方式共同生活。

這種烏托邦的社會模式，是美國一直往前發展的理想目標。十九世紀很多歐洲人移民到美國來開拓新的生活，他們離開歐洲的舊社會，離開種種規矩的束縛，離開教會、國家與貴族給予的種種壓力，寧可到新的地方尋找新的秩序。

我住的地方是美國的賓夕法尼亞州（Pennsylvania），那裏有一群當年來的人叫「Quakers」，也就是貴格會的信徒。這個詞有「震動」的意思，本意是要提醒教徒「聽到上帝的話要被震動」。他們居住的地方大家關係很和諧，教友之間的關係像弟兄一樣，這種社區在賓州存在很多。賓州最大的城市費城（Philadelphia）的英文名是「兄弟之愛」的意思，所以費城也被稱為「兄弟之城」。到今天，除了從地名上能看到一些當年的痕跡，實際上在賓州偏遠的山角落裏面還有小社區如此地生活。他們大半靠著附近的市鎮取得生活資源，本身工作場所是在農場裏面，木匠、工人等等偶爾到城裏做零工過日子，生活恬淡但也安定。這種村莊裏面，沒有現代種種聲光電的設備。

在以色列還是伊斯蘭帝國的領土的時候，英國向他們取得了一塊土地，讓流亡在外的猶太人重回故鄉，這是今天以色列國家的起源。回到以色列的猶太人都是有理想的人，他們帶回去的建國理想就是一種烏托邦。今天的以色列在尚未建國及建國早期的時候，經濟制度是一個互相

在以色列還是伊斯蘭帝國的領土的時候，英國向他們取得了一塊土地，讓流亡在外的猶太人重回故鄉，這是今天以色列國家的起源。回到以色列的猶太人都是有理想的人，他們帶回去的建國理想就是一種烏托邦。圖為建國時的以色列軍士。

幫助的合作社或公社的組織方式。比如若干人家合起來共同開發農場，每個人在農場中工作按勞取酬，家庭所需的住房、基本的生活費用以及子女的教育等都由公社統一解決，碰到問題了大家共同開會決定。大一點、管得嚴格一點的叫公社，小一點、鬆弛一點的叫合作社。

我曾經去過很多趟以色列，最早是在「六日戰爭」的時候，那個時候我可以看到還有這種公社的存在。我訪問過一家水果公社，他們種的水果到後來大量出產，這些人非常富有，子女的日子也過得很好。但是等富有以後，第二代、第三代人的時候公社就不復存在了，很多人到外面自求生活，公社也慢慢解散掉。這也是一種烏托邦，這種烏托邦與當時莫爾想象的烏托邦其實蠻接近。

烏托邦與反烏托邦

烏托邦的觀念存在於語言詞彙當中，也存在於人類的想象之中，人們也在不斷嘗試、探索著實現烏托邦的路徑。公權力總是有複雜多元的組織，裏面的成分很複雜，成員間不能享有同樣的福利條件、同樣的平等待遇。而烏托邦則要靠一切平等的構想來達到目的，成員間總要互相遷就、互相容忍、互相讓步。

以烏托邦模式建立的社群，在自由上就打了折扣——那麼起碼要取得平等吧？但其實平等也不能完全取得，因為產生分工以後，人與人之間權利的自由分配多多少少有所差距。這類公社組織及類似的烏托邦組織，也不容易和外面的大的政治集團掛鉤，更不用說變成更大組織的一部分。這是烏托邦觀念落地後的一種矛盾，無可奈何，到了最後裏面的成員不得不離開。

烏托邦成立之初的想法很好，大家一起努力過日子，不論窮富大家的資源匯集在一起吃同樣的大鍋飯。但是這個模式成功的那一天，也就是成員離散的那一天。一旦成功大家就發現有不公平之處，比如工作的輕重、家裏人口的多少，種種的情況使完全平等自由的理念在實際上無從實現。

　　回到中國的古代，前面講到陶淵明筆下的桃花源裏面沒有法律。我其實不覺得桃花源裏的長老沒有約束眾人的紀律，只是並非現代法律的形式。在過去時代，中國內地的農村裏雖然沒有法律，幾個大族的領袖或村裏面共同的父老，也可以按照習慣、約定俗成的紀律，來約束民眾、裁斷事務。這些人數不多的社區，憑藉年齡、資歷或聲望產生領袖，這些人擁有一種仲裁的權力，如此情形在任何公社都是難以避免的。甚至以色列建國初期的烏托邦組織，把公權像憲法一樣嚴謹地一條條寫出來，到後來發現條例的約定和人的具體執行情況也並不能完全一致。在陶淵明筆下的那個村子裏面，桃花源的長老也有上述仲裁的權力，但並不一定有公約，更大可能是以約定俗成的習慣作為裁斷標準。

　　這個陶淵明時代流傳下來的理想，始終存在於中國人的腦子裏面。每到戰亂的時候，就有人說：我們到山裏找個地方，把山口一封，在裏面過安定的日子。外面兵來兵去、槍來刀去都和我們無關，等太平以後我們再出來。這種情況在這麼大的中國的每一段歷史都會出現，平時我們看得見村莊自治形態裏也會或多或少出現。如果這個村莊恰好又在大陸外側，而且不在交通要道上，這種形式可以保持相當長久。

　　前面所說的，是我認為烏托邦本身可解釋的一些層面。但回到最初講的層面，烏托邦與權力的結構密切相關——社區裏有沒有掌握權力的人？小社區會不會因為擴張、生產資料過多，進而經常出現分配問題？或者在某個強人突然出現後，大家會不會過分服從領袖？權力如果

　　　　　　　　　　　第九講　人類如何建立「理想國」

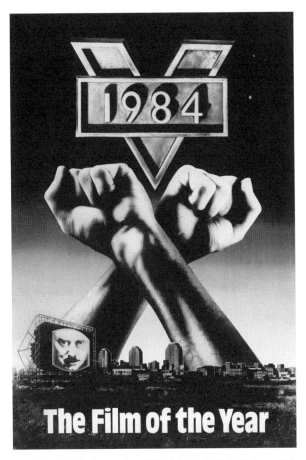

奧威爾的小說《1984》,表面上討論的是烏托邦,實際
上是藉此批評蘇聯體制。蘇聯本身是按照社會主義理想
來建設的,但後來因為政治權力太集中了,就造成了弊
病。圖為電影《1984》海報。

長期被掌握在一個小圈子裏面，會把這個烏托邦的平等、自由毀掉。

這種反烏托邦的現象，在 1998 年上映的電影《美麗新世界》的故事裏可以看到，這部電影是根據赫胥黎的同名小說改編而來。類似反烏托邦的小說，還有奧威爾的《1984》。奧威爾的這部小說表面上討論的是烏托邦，實際上是藉此批評蘇聯體制。蘇聯本身是按照社會主義理想來建設的，但後來因為政治權力太集中了，就造成了弊病。這種經常出現的反烏托邦的現象，是烏托邦理想之中相當矛盾的地方。

那麼，有沒有人口眾多的大國可以實現烏托邦理想？目前來看是沒有的。從鴉片戰爭開始到現在，中國每次受到外面的刺激以後，都有一些人想要改變舊的、不好的國家治理方式，找出新的辦法建設一個新社會。所以，晚清以來的中國人，碰到新的主義通常都很興奮。舉個例子，洋務運動時期，李鴻章他們以為最重要的是國富兵強，於是興辦民營和軍工企業，訓練軍隊、購買軍艦。在他們的理念當中，西歐列強的形態在中國是個烏托邦，當時革新主義者心目中的烏托邦。

有些人像康有為，則回到中國儒家的理想當中去尋找國家和民族的前途。到了後來，也有胡適先生將自由、平等和烏托邦理念帶到中國的民主制度之中，成為中國新的烏托邦。孫中山先生在這上面更進一步，在美國民主自由的模式上，他把社會主義的理想融入進去。所以他的理想到後來在國民黨裏面實際上居於左翼，而不是右翼，因為他將經濟資本主義和國家的社會主義兩個合併起來，變成孫中山的三民主義。這些都是用烏托邦來描述的政治理想，但執行起來每次都有偏差，或者永遠沒有得到機會實現。這都是我們身經其事所知道的一些經過，後面我再詳細敘述。我們曾經有所盼望，也有所失望。

中國有關烏托邦的政治實踐

那麼，究竟歷史上有沒有一個不會敗壞的理想國存在？《禮記・禮運・大同篇》裏講到「太平之世」和「小康之世」，我認為在中國的現實下，這兩者是從完全的理想主義往回退一步，在大的國家、大的共同體裏面找到起碼的可以實現的目標。理想狀態的「大同之世」是做不到的，我們能做到的是「小康之世」「太平之世」。

在「大同之世」的理想社會，大家都有出力的機會，都有得到報酬的權利，貨品不屬於任何人獨有，按需分配使大家過好日子；一個人從出生、成長、受教育到就業，都由國家來負責安排；沒有工作能力的人，老的、生病的、鰥寡孤獨的人，都由國家來照顧。這是非常了不起的世界，北歐有些高稅收、高福利國家正在往這個方向嘗試。

這個早期中國的理想境界不容易達到，但中國在後來如何靠近這一點？我們看中國列朝的管理制度，集大成於漢代。在戰國時代列國競爭的時候，列國彼此都想壓倒別人，就像今天許多國家都想做老大。所以每個國家都招羅了一批有學問的人，討論怎麼樣使得自己國家更強、更好。尤其是如何使國家變得更強，這是第一步，富就是強。強了以後，再要讓老百姓的日子過得好、過得公平。

到了漢朝，一步步將秦國強制性的東西轉化成為治理國家的理念。漢朝在社區權利、中央權利以及中間管理層的權利之間做適當的安排，讓社區、小村莊中本身的秩序構成這個結構的底盤。各地方的人才經過考試制度，得到機會進入政府做初級公務員。這些初級公務員要到各個層級、各個職位上實習過，懂得政治的各層各面需要掌握的做法，懂得做法裏面會遇到的障礙；他們還需要掌握法律，並學習成文法和約定俗成的習慣之間有怎麼樣的配合。這些是漢代以察舉制來選拔、任命、訓

練官員的方式，有些規則沿用至今。比如這些被選出來的人參與政治，一定是在故鄉以外的省會州郡擔任各級的職務，這是為了迴避謀取私利的現象。漢代也有成文的法律。根據漢律，御史可以責備丞相，甚至上書告誡政府、告誡皇帝，他們有這種監督的權力。

漢代建設的國家結構，由連接經濟網絡的道路作為主幹，由察舉制實現人才和信息的上下流動，保持國家政令的一致性和團結。也有民與官之間一定的溝通機制，這套制度最基本的單元是社區或者鄉村，無數個這樣的社區被編織為一張大的網狀結構。這個網絡最重的兩端，一個是基層的社區、鄉村，一個是最高層的權力中樞，網絡的部分在中間起到銜接作用。所以漢帝國的模式，是拿經濟、社會、資訊以及各種資源經過大的網絡——可見的網絡是大的道路，不可見的網絡是官員的流轉、人才的流轉、信息的流轉，把整個國家編織在一起，形成大一統的國家。

這種結構是人間社會可以做到的狀態。更上一層，就到「無所為」的大同世界了。要達到這個境界很難很難，如果你我他都做不到，那就只能存在於理想。人類社會發展到理想的「大同世界」階段，就不需要法律了。沒有法律，沒有刑罰，沒有人管，那是道家的「無為而無不為」的理想。

中國一直以來在政治、社會秩序上努力的方向，就是把烏托邦的政治理想與現實掛鉤，把零碎的結構熔鑄成一張大網。這個大網可以散、可以結——中央政權若是不行了，這個大網散掉，散到最後只剩山谷裏窮鄉僻壤的小地區自治；而這個大網一旦重新聚集起來，廣大區域共享福祉，這是中國人理想的結構。

綜觀世界歷史，我認為傳統中國是唯一顧全中央和地方，而且主張以和平、發展交換人員、溝通信息的政治體。這個看法，提供給大家參考。

問道

許先生

管清友，如是金融研究院院長、首席經濟學家

管清友：當今世界再度進入分裂與衝突，相對於過去二十年全球化的繁榮是一種大倒退，儼然是孔子所言的「禮崩樂壞」。新冠疫情衝擊下，全球公共產品的提供陷入混亂。在這樣一個時代，如何凝聚人類的共識，朝著理想國的狀態邁進？當今分裂、衝突的世界最終會以一種什麼樣的形態收場？

許倬雲：這個問題非常重要，我也想了很久，但實在是沒有辦法完整回答。最近幾十年來，經濟全球化的趨向，特朗普想要剎住是不可能的。他以「美國優先」這個理由來挑戰中國，是堂吉訶德的做法。但我們不能不面對這個情況。這件事情的出現表明很多老百姓心理上還沒有準備好全球化，還認為我是我、你是你，沒有「天下大同」的全球化的觀念。真正有「天下大同」觀念的是基督教會與中國，中國古代的「天下國家」觀念是開放的。

　　對經濟全球化現象，我們不能指望它成為烏托邦的理想世界。要實現全球化，首先國與國之間要把藩籬去掉，讓經濟自由流通。除了查禁毒品、打擊人口走私和犯罪以外，不增加關稅，實現資源和財富的自由流通。其次是要把過於集中的那部分財富拿來救濟最

為窮困的群體，不能讓財富和資源永遠集中在極小的上層，大部分的窮人永遠在下層，這不公平。社會主義的理想是「均貧富」，但如何實現這個目標是另外一件事。第三是建立互相幫助的生活圈。人與人的關係不完全是經濟關係，也不完全是買和賣，共同生活在一起是人的關係裏很重要的一塊。

生活圈就是個小烏托邦。丹麥、瑞典、挪威這三個小國，實際上就著重在生活圈的互依互靠上面。他們的社區設計很有意思：學校是全社區的中心，每個課堂外面都可以看得見；學校旁邊是養老院，老人和小孩的笑聲可以互相呼應，未來和過去聯繫在一起。

在美國，很多中等大小的城市有小的自然社區正在形成，洛杉磯就有好幾處。要買的菜和日常補給品大家可以彼此委託一起下訂單，以批發價運進來再當場分發，在這個關係上面建立一套秩序。這種小社區有五千人差不多了，目前正在慢慢嘗試，試得怎麼樣還不知道。

至於人與人的關係，我的觀念是：什麼是自由？自由是我有基本的自由，但我的自由不要妨礙別人的自由。我要平等，要同樣的待遇，但不要説只有我的權利沒有人家的權利。自由平等既要想起自己，也要想起別人。

中國傳統文化裏提倡「忠恕之道」。中國整個的理想是從「修己」開始，「修己以安民」。修己的第一步是「惻隱之心，人皆有之」，這個「心」開始開發下去就是「恕」，我的心如你的心；進而發展到「忠」的階段。心裏面忠實於自己，忠實於自己的工作、職位，也忠實於國家社會。「忠」「恕」兩個字，合起來就是「仁」。「仁」是有關心的內在層面，「義」是人與人相處的層面；「仁」是內修，「義」是外和。「仁」「義」「忠」「恕」是大同之道的根本假設，

也不是要求人馬上就能做到——做不到「安民」，就可以先「安自己」。

中國傳統文化教育不單單是讀故事、穿漢服、祭孔子、背《三字經》，國內現在有些簡單化的復古之道是走偏了的，浮在表面上。真正的傳統文化教育，是把中國文化的精髓與西洋文化的精髓合起來，大人教孩子，老師教學生，朋友規勸朋友，大家共同學習進步。

我這輩子願意跟大家做報告、參加談話，就是存這份心、立這個願。我已經 90 歲了，身體不好，隨時準備垮掉。但我做一天和尚撞一天鐘，求修己。烏托邦在哪裏？烏托邦在你心裏。人人心裏有烏托邦，人人就都是好人。真正實現在遙遠的天邊，但你不邁出第一步就走不到天邊。

文廚，高山書院創辦人兼校長

文廚：中國是一個大國，很多的事情複雜度相當高。日本的問題也一樣。今天我們怎麼才能在新的階段與日本更好地互動，與日本在未來很長的時間保持既合作又競爭的夥伴關係？

許倬雲：不單是日本，我們四周還有韓國、朝鮮、越南，這四個國家都是中國傳統文化的根苗衍化出去的。文化基礎這四個國家都類似，但發展方向不一樣。日本先走一步，最初是明治維新丟掉中國傳統文化模仿西洋，脫亞入歐了。現在日本的文化基礎不全都是中國文化，是丟掉了中國文化後又重新撿回來的一部分。

日本最初的文化基礎是從九州島吸收中國文化，他們叫做彌生

時代。中國文化從浙江、山東流進日本，九州島佔了很大的勢力。在此以前是東北亞的一些騎馬民族，從大陸跑到日本群島去，所以日本的戰鬥民族精神一直存在。明治維新是藩主推翻德川幕府的統治後，重新建立的國家制度。明治維新以後日本沒有武士了，可它的官員都是當年武士階級的後代。所以現代日本合併了中國和西方兩個傳統，合得很巧妙，但合得也很不好。巧的地方是兩個傳統的好處它都收納一些，壞的地方是日本人的生活分成兩截——外面的一截、心裏的一截。很多日本人心裏很柔和，但有時候表現得很兇悍；或者對內很不錯，對外很兇悍；對同輩很溫和，對下屬很兇悍。日本可以有禪宗，也可以對外侵略殺人如麻，還可以採用珍珠港這樣的手段偷襲。日本也可以犧牲自己的士兵，但對別的國家也不仁慈，日本人並不會寬待俘虜。

日本這個國家是兩面的，怎麼樣改過來是個大麻煩事。我們不能改變人家，就要在懂得人家之後避免它的短處，學到它的長處。我們只需要學習日本的認真、嚴謹、守己，日本人修己很嚴，自我約束得很厲害。但他們約束太過之後就要放縱，要在櫻花樹下喝醉、放縱。日本人的兩重性格我們不能學。

我們要守住自己的本來，學世界各地最好的地方。比如曾經我們的短板是科技方面，但這幾年趕上來了。但是我們趕上的往往不是根本的基礎科學，而是技術層面的一些東西。人文學科方面，胡適先生與傅斯年先生學到「拿證據來」，但沒有想到怎麼解釋證據，解釋證據後面要靠哲學，他們不學這一套。我自己是兩方面都學，因為我在美國待久了，我的朋友都是搞西方哲學的，不學也得學。

我們要學德國的模式，做事情要嚴謹，自律也要嚴格，做學問

要徹底，追根究底追到哲學上面去，觸及本末處要做最嚴謹的工夫。在德國交朋友最容易了，我們開學術會議一走進去，言談舉止不卑不亢，只有中國學生和德國學生相處不卑不亢。美國人太野，英國人太拘謹，法國人太假。德國和中國文化中都有讀書人的階層，他們叫「容克」，我們叫士大夫。這一套東西不是靠世襲傳遞，是靠學問、靠修養累積出來的；這一套東西不是階級的劃分，我們可以把這個士大夫精神傳承下去。

當下的中美關係
與未來世界

美國今天雖然看起來輝煌，依然是世界上最強大的國家，但美國已經沒有與其國際領袖地位相稱的聲望，這就是當下的美國。我講這個話的時候很痛心，我盼望美國能走得更好。

當今美國總統特朗普的行為為何如此？中國的發展又將如何？對我而言，這兩個國家——一個是我生長的地方，是我認同的祖國；一個是我接受教育的地方，也是我正在工作的美國。這兩個地方與我都有深切的關係。但作為研究歷史的人，我要盡量保持相當程度的客觀，不能因為偏好哪邊就講好話，不喜歡哪邊就講壞話。

美國的社會制度是不是盡善盡美？

現在的美國為何如此？現在的美國究竟是一個什麼樣的國家？我們今天要提一個事情。差不多三十年前，弗朗西斯‧福山（Francis Fukuyama）出了一本書叫《歷史的終結與最後的人》。福山是一個日裔美國公民，學的是國際政治，號稱美國軍事顧問團當中的「諸葛亮」之一。他的地位不算很高，他的老師亨廷頓（Samuel P. Huntington）卻是很重要的角色。亨廷頓當年主張的觀點是：世界上正發生文化之間的衝突——白人文化以民主自由為主體，而在這個西歐白人文化以外，是第二世界、第三世界以及他們各自代表的儒家文化、伊斯蘭教文化及社會主義的陣容。美國這個白人文化和其他文化之間的衝突，就是他的核心觀點「文化衝突論」。他寫了一本書叫《文明的衝突與世界秩序的重建》，在全世界影響很大。

福山在亨廷頓的理論基礎上又延伸、演化了一步。約三十年前，他就說美國自由、平等的民主制度，以及市場經濟決定的資本主義運作，兩者結合的體制大概是人類歷史上的最後一站，往後的歷史不會再有更新的東西出來了。他的意思是：美國代表的制度已經到了人類能發展的盡善盡美之處，不會再有重大衝突和改變；美國模式在文化衝突中已經佔了優勢，也佔了領導地位。

　　大約二十年前開始的數字化產業爆發，幫助美國渡過了一個大的難關，這就是經濟上的轉型。美國經濟從傳統的重工業比如汽車工業、鋼鐵工業等等，逐漸開始轉型到新興互聯網科技產業。從此，以科學為底子的科學技術在人類社會中變得越來越重要，而不是以需求、生活需要而發展出來的技術。「科」「技」兩個字，在新的工業社會裏是連接在一起、不可分的。

　　福山的意思是美國的制度已經做到了盡善盡美，這個話說的有點過分——從他說這句話開始，很多人說他對世界的看法太簡單了。我也覺得他看得太簡單了，必須要說一下他觀點裏的不通之處在哪裏。第一，他假定了美國這個自由平等的民主制度乃是人類社會演化過程的最後一站。大家知道，演化論是生物學上的名詞，「biological evolution」（生物演化）——「Evolution」是向外開展的意思，不是一站一站往前面的目標進行。「開展」，是碰到新的環境就要採取新的策略、發展新的制度——以動物來說，就是要發展出新的特性、能力適應新的環境。這種演化是沒有盡頭的，並不是說演化中的後一站必定高於前一站。福山說人類社會演化到了盡頭，他誤解了「演化」這個詞語，也誤解了自由民主制度。

　　他之所以會這麼想，是因為他覺得美國在今天的世界上已經穩穩站在最高的地位。經過了兩次世界大戰的測驗，美國制度證明了它可以很快地動員人力物力，打一場大規模的戰爭，能夠把經濟制度、工業制度

上的效率用在軍工生產上、戰場上，用在組織部隊以及編制大戰略上。二戰以後是差不多半個世紀的「冷戰」，美國也贏了。冷戰期間，雖然在美國和各國之間沒有真的爆發大規模的戰爭，但各方面都在競爭、比較。這樣對抗的目的是什麼？美國要證明，自由市場經濟制度比較合適，這種制度的彈性很大，生產力和資源可以自由流動，可以根據需求決定市場、由市場決定生產。這個由需求刺激生產的機制可以一直推動社會向各種可能的方向走，所以有彈性和優越性。

生產的產品越多，企業賺到的利潤越多，參與生產人的越多，最後大家得到的錢都比以前多──用一句白話來講，就是「餅越做越大」。當餅足夠大的時候，一個人分到的即使是最小的一塊也能吃得很飽。如果只有一塊小餅，哪怕有人分到很大一塊，也會有吃不飽的情況發生。

這句話是以列寧、斯大林時代的計劃經濟作為參照的。過去的共產主義陣營，中國走上了一條「摸著石頭過河」的道路，已經發展成為世界第二大經濟體。蘇聯則垮掉，變成了今天的俄羅斯。在美國的領導之下，五十年來的歐洲復興之路走得很順暢。到今天歐洲成立了歐盟，世界走向一個共同的全球市場，而這個全球化的體系由美國領導。

民主制度其實非常脆弱

前面講過，演化論的「evolution」不是有方向、有目標的競賽，它是適應變化不斷發展的。我們再來看看美國這個機制，最早建國的理想是人人平等、人人自由，憑著自由和平等可以擺脫宗教的偏見，擺脫貴族與平民社會地位上的差異，擺脫窮人和富人之間的差異，在新天地的美國成立了一個新的國家實驗。

這個實驗從開始到現在已經有二百多年，前面走了一百五十年試路的工作，走得很慢但走得相當順暢，後面走得比以前更好。於是，美國從一個小小的殖民地轉變成世界最大的強國、全世界的領袖。這個事實，是福山立論的基礎。我們再看看：民主制度是不是如福山所說，是一個設定得完美的制度呢？它是不是一定像小孩的童話裏面講的「happy forever」？其實不然。

　　民主制度的母型，是戰鬥部落裏面每個參加作戰的戰士都有發言權。因為作戰部落出去戰鬥的時候，要想調動每一個人的積極性、主動性，就要給一個目標──大家搶掠來的物資一起共分；大夥在一起戰鬥隨時面臨生命危險，每個人要犧牲一定的東西。在這種條件下，每個戰士都有充分的發言權；這個共同的意見輸出來，就是自由的民主制度。

　　希臘、雅典認為自己是民主城邦，所有城邦當中的公民都有發言權，都有權利提議放逐某某人而不經過審判──一個公民提議放逐張三，如果幾百個公民一起同意，那個人就必須離開家、不許回來了。這也是一個城邦或一個部落安頓下來之後，在安頓中要求內部最大程度的協調和合作，這是最初的民主制度的定義。在希臘城邦裏，像斯巴達就沒有雅典這麼民主化、這麼有深度。斯巴達是軍事領袖制，有兩個王，還有元老會或長老會。兩個王當中一個守護城邦，一個帶兵出去戰鬥。這個制度裏面，在戰鬥期間沒有民主，戰鬥結束後才談民主；戰鬥開始之前的戰略階段可以談民主，戰鬥期間只有聽從號令。

　　因此，希臘城邦並不是民主制度典型的代表。柏拉圖討論民主制度的時候就說，民主制度會有四五種垮掉的方式，其實這套制度是非常脆弱的。軍人參政，可能會變成軍閥獨裁；富人有錢，可以收買人心獲得大家的支持，變成富人政治；寡頭政治是幾個人在一起，組織成小集團聯合執政；還有一個流氓政治，就是能言善辯的人或者流氓地痞都有可

能煽動人心，破壞民主制度自己上臺。民主制度其實非常脆弱，裏面任何一環鬆動就可能被其他制度代替。所以福山將美式民主制度作為人類歷史的終點，是有問題的。

沒有完美的制度，只有不斷更新的制度

再回頭看美國本身，福山在另一篇文章裏寫得比較有道理。在美國因為講平等，所以每個群體都有一個名稱，有的族群名稱不好聽就不許用。比如非洲的人過去叫「black」和「Negro」，現在都不許用，要用「African America」來稱呼。福山說美國現在是很多人的美國：有白人的美國，非洲裔的美國，拉丁與西班牙裔的美國，印第安人後代的美國，亞裔的美國等等；還有中產階級的美國、富人的美國、窮人的美國、工人的美國；還有城市的美國、農村的美國、郊外的美國——他說美國有太多不同的群體了，太多身份、階層沒有辦法結合在一起，很令人擔憂。他寫這篇文章的時候，就好像忘了自己之前講過美國的民主制度已經是人類歷史的盡頭處，已經發展得盡善盡美。

我在寫《許倬雲說美國》的時候講過，我從剛剛進入美國到現在已有六十年。這本書裏我寫了六十年來對美國的觀察和一些感想，也指出美國許多問題。最近十年左右，批判美國內部發展問題的書不算少，在《許倬雲說美國》裏面，我至少提到了十幾本討論當下美國的書，基本都是如下觀點：美國鬆弛了，美國變質了，美國心有餘而力不足了，都是批判、檢討美國的問題。

換句話說，美國的問題已經這麼明顯、這麼清楚了，為什麼福山還會講民主自由是普世價值，是人類歷史的終點站？民主制度有好的地

福山說美國有太多不同的群體了，太多身份、階層沒有辦法結合在一起，很令人擔憂。
圖為民權運動中的馬丁·路德·金在發表演講。

方——任何制度都有好的地方，也有壞的地方。假如一個東西原本可以轉化、改變、調整適應，那麼它發展到盡善盡美的時候，也就是它死亡的時候——它不能繼續改變了，它不能自己轉化成新的東西了。

任何制度，都有「成、住、壞、空」四個階段——到「壞」「空」的時候，就有人會想辦法來適應、調節、轉變。一個人如果看到問題而沒有改變它，順著毛病繼續走下去，就會走向「壞」「空」。一個美好的制度一定要給將來留下改變的機會。所謂的「改變」，一個是在於適應變化的能力，另一個更重要的是在於自省的能力。一個良性的政治制度要有一個機制，可以讓毛病顯露出來被大家注意；顯露這個毛病之後還有另一個機制，是大家可以有意無意之間讓這個制度慢慢改變方向，改掉那些顯露出來的毛病。一個是有反悔和反省，一個是有改變和適應，兩者相配套這個制度才能隨著時代不斷更新。

美國的自由民主制度，假如按照最初設計的理想狀態，每個公民都有發言權，都有就業的機會，都有可能當選為總統，所有的改變都可以在討論當中進行。但是它忘了一個制度成為一個組織的時候，組織會老化、僵化，尤其專業的人最容易僵化。專業的管理人員，也就是官員，他們是有權力、有利益、有地位，也有身份的；他們如果佔住位置不肯下來，勢必會拉一幫人保護自己的利益。每一任美國總統都有一批擁護他的人，這些人的目標是抓著總統的權力以求雞犬升天。美國公務員群體有沒有僵化的情況存在呢？有，制度化的繁文縟節愈來愈多，規定越來越苛細和煩瑣。

舉個例子，我剛到美國唸書的時候，一封信在芝加哥城內郵寄要花六分錢，大概兩個鐘頭就能寄到。到現在，美國的郵政局沒有人用了，因為它寄東西太慢了。公司和高校也有官僚化的趨向：每個大公司有一個總裁，就有若干個副總裁；學校裏有一個校長，就有若干個副校長

和助理副校長。管理階層本來有兩三個人就可以，現在最高層有一大堆人，每層還有一大堆助手，這是一個大問題。雖然美國有民主平等的制度，也允許自由的言論，但社會老化過程無法改變，這是當前美國面臨的很大的困難。每個群體都要顧全自己的利益。國家利益要切分成一塊一塊，每個人都要一樣大的話，就誰都管不了誰，誰也不能過舒暢的日子。所以福山說美國的現狀趨近於完美，這很不像話。

按照美國過去提倡的自由貿易，自由貿易最後的目標是走向全球化，世界各國彼此呼應、彼此幫助、彼此支持的全球大經濟。美國本是提倡經濟全球化的國家，卻在特朗普手上一處處把條約毀掉，把國際組織解散掉，讓世界變得四分五裂，美國也基本上因為疫情暴發後的管理失序進入癱瘓的局面。這次總統大選希望可以顯示出轉機——如果選出來的總統還是特朗普就沒有轉機了，因為特朗普要奉行保守主義。美國今天雖然看起來輝煌，依然是世界上最強大的國家，但美國已經沒有與其國際領袖地位相稱的聲望，這就是當下的美國。我講這個話的時候很痛心，我盼望美國不是這樣的美國，盼望美國能走得更好。我盼望我們不需要等待很久，就可以看到改變。

庫茲涅茨曲線

說到經濟發展，我要提一個人——庫茲涅茨（Simon Kuznets），在二十世紀六十年代的時候他曾經紅極一時。他的一個觀點是：經濟發展在生產量剛開始提高的時候，得利的是最上層的一群人和投資者；隨著產能的進一步提升，分配的差異曲線逐漸被慢慢拉平——終於，最窮的一批人可以得到比原來更多的利益。更富有的國家裏，最窮困的老百

西蒙·庫茲涅茨（Simon Smith Kuznets，1901—1985），
在二十世紀六十年代他曾經紅極一時。中國臺灣在二十世
紀七十年代晚期到九十年代中期這二十多年的輝煌，就是
利用了他的理論，他是臺灣的經濟顧問。

姓過日子會更容易。他的另外一個觀點是：沒有一個經濟體可以靠一個產品獨霸世界。所有的經濟體裏，每一個產品、每一個行業都是相依相靠的；地區之間、行業之間、技術之間都是如此。這段話把經濟發展到了起步階段的最重要的一些想法，都在這裏有所交代了。

順便說一句，中國臺灣在二十世紀七十年代晚期到九十年代中期這二十多年的輝煌，就是利用了庫茲涅茨的理論。庫茲涅茨是臺灣的經濟顧問，誰請他去的呢？在美國教書的蔣碩傑、劉大中、費景漢這三位華裔經濟學家，他們組成一個經濟顧問團設計出這套經濟發展論，執行者是李國鼎、孫運璿和嚴家淦。

那段時間，臺灣的成就是很令大家欽佩的，朝氣蓬勃、有前途，人民的生活水平提高了一大塊，與今天臺灣的氣氛相比很不一樣。那時沒有太多界限，今天專門講「本土化」：「你是不是在臺灣喝臺灣水、吃臺灣飯、臺灣米？你是不是本土人？」這種爾疆我界、你我之分，那個時候是沒有的。

中國最近幾十年來的發展可圈可點，走出了一條新型的文明之路，這一點我非常佩服。如此眾多的人口擺脫貧困，在歷史上是從未有過的，就是因為大家能夠分享到經濟發展的好處。這是今天我對大陸寄予的希望，希望這條路繼續走下去。

國家強盛固然重要，最要緊的是照顧到最窮的人，最要緊的是社會普遍地一起上升——不是經濟上升而已，而是社會組織更加健全，思想言論更加自由，政治更加開放，每個人都有社會參與感，每個人都願意介入公共事務，每個人都願意為國家貢獻自己的一份力。

這是我對於中國的盼望，我希望我可以看得見它實現。我 90 歲了，時間好像也不太多了。在我還能夠看得見的日子裏，我真是抱了很大很大的希望。

王勇，北京大學國際關係學院教授，北京大學美國研究中心主任，北京大學國際政治經濟研究中心主任

王勇：美國當前最大的問題是貧富懸殊問題，美國社會存在著制度性的不平等。這種不平等，使得美國理想、「美國夢」遭到巨大的衝擊。70% 以上的美國人認為，美國當前的分配體系過於受到權勢集團的影響。另外，中美之間有很大的差異、矛盾以及衝突，某種程度上也是美國國內問題的外延。您認為美國的不平等將對未來美國的內外政策產生怎樣的影響？

許倬雲：這個問題也正是非常困擾我們的問題，不僅我，美國的老百姓也很關心這個問題。中美關係的方向不同以後，美國對中國採取的對策就不一樣。就美國的貧富懸殊問題而言，從第一次世界大戰開始，美國的國際地位初次提升，在國際市場上得到發言權。美國企業在海外市場發展得非常順暢，國內的經濟也是突飛猛進。這種現狀給美國人造成了一個幻覺，就是「只要你有錢，什麼都行」。這種情況下，美國把對內的政策與對外的政策都混掉了，它認為既然國內發展得這麼好，為什麼不能在外面發展得更好？外面有更廣闊的天地，更大的施展空間。這樣一來，美國立刻就掉入了

快速擴張之後的陷阱——20 世紀 20 年代的經濟大恐慌。美國國內要掠取更多金錢的慾望，造成了美國經濟在世界上的失衡。那一場經濟危機長達十年之久，十年後美國經濟才緩過勁兒來。

如果沒有羅斯福總統採取新政，把國內的貧富差距進行適當的調整，大恐慌還會繼續。羅斯福總統用的是以工代賑的方法，國家給的救濟不是養活受賑濟者，而是付錢讓受賑濟者工作，為國家做公共建設賺取錢。如此一來，工人、商人、資源、交通業都因此提升上來——有很多人就業，有很多人賺錢，市場消費需求就能提升，國內市場就得以恢復正常。羅斯福總統基本採用的是凱恩斯的理論：金錢是自來水的龍頭，水龍頭的調節取決於下面供水器的水平高低。這個做法基本是對的，但其前提是政府必須對金錢有相當程度的掌控力。所以美國聯邦儲備委員會（簡稱「美聯儲」）的權力開始變大，相當於國會的「第三院」，「第三院」的權力掌握在經濟學家、銀行家等專家手裏，以保證專業的公平性。

二戰勝利直至 1960 年以後，美國經濟再度大起飛，可以説是一飛衝天，這個對美國的刺激非常大，利潤也非常大。無論是在二戰中被打敗的國家，還是在共同勝利的夥伴國家裏，美國幾乎都能得到綠燈，可以自由地開拓市場。當時歐洲靠美國的支援站起來了，日本也得到了美國的支持。全世界的經濟站起來以後，美國比第一次世界大戰後還要厲害，還要強大。

美國嚐到甜頭以後，有錢人就認為：為什麼美國不能繼續保持同樣的地位和繁榮呢？擁有強大的政府背景，使得美國投資者在全世界投資、壟斷利益。這就是今天特朗普總統荒謬的支持者們所持有的觀點。特朗普總統説的「美好的美國」，是只講美國人賺錢沒有講其他人虧本的事，只講一家笑不問百家哭。這就是國內的貧富

懸殊影響到國際的貧富懸殊以後，產生的很不好的後果。

　　美國政治分成民主黨和共和黨兩派，民主黨還繼承著羅斯福總統的傳統，共和黨乾脆回到赤裸裸的「有錢人賺錢，沒錢人就該倒霉」的地步——不能賺錢代表你不行，你不行就因為上帝不給你恩賜；上帝不給你恩賜，你改都改不過來；我給你施捨一點錢，給你基本的工資，補助基本的收入，除此之外想也不要想。共和黨對於社會安全立法特別遲疑，不參與，對於矯正貧富差距和國內建設也不努力。美國人從國內建設賺的錢是不多的，他們從國外賺的錢是少數人賺到了，這是他們極大的盲點。如今美國國內的基礎設施愈來愈差，美國的飛機場與中國的飛機場不能比，中國是全新的，美國是很多年前陳舊的設施。美國的公路交通也日益老化，貨運車與私家車在同一條道路上競賽，顯得非常擁擠，而且這些路一年到頭都在修理。鐵路更不用說了，幾乎等於是廢掉了。美國的基礎設施絕對要改變，大家建議要依靠現代科技提升到最有效的地步。這樣國家也可以僱傭很多人，可以發展很多附加的產業，可以拉動很多小型的工商業，拉動城市以外的小市鎮以及農村，拉動農業與工業之間的平衡。但這個提案在今天，甚至於在民主黨的競選方案裏面也一字不見，這是令人非常失望的地方。

　　前面講到庫茲涅茨的理論，不僅在一國內部有用，在全世界也一樣適用。庫茲涅茨沒有預料到的是，科技可以發展得那麼迅速、那麼徹底，可以說是日新月異。新技術之門打開以後，一個實驗室裏面小小的課題可能變成非常重大的科技發明，進而完善成為高科技產品，很大的資源被發掘出來了。比如新藥品的出現，或者遵循庫茲涅茨的觀念調整了社會關係帶來的新服務業，都是高科技迅速發展以後，財富有了新的去路和新的來路。這是庫茲涅茨沒有預料

到的。假如今天庫茲涅茨再畫曲線的話，是三曲線、三個平行的高峰：一個是資本家，一個是勞動者，還有一個是開創者，開創者開創的天地愈來愈大。

非常不幸的是，庫茲涅茨今天幾乎被大家忘到腦後了，這是非常可惜的。

王勇：臺灣問題關係到中國的未來，也有可能引發中美、中西方關係的進一步對立。「臺獨」勢力有可能藉助西方對中國的圍堵謀求獨立，從而導致海峽兩岸的軍事衝突。解決當前臺灣問題比較現實的解決方案是什麼？

許倬雲：這個問題令人非常難過。今天特朗普能夠有這樣荒唐的做法，那麼地糊塗、不通和荒謬，居然還能獲得如此多的投票者支持他，還有那麼多機會主義者跟著他。美國有些地方已經開始出現民兵隊，聲稱要保衛特朗普，保衛新領袖及新領袖提出的新方向——「讓美國再次偉大」，這種做法是引火自焚。

如果特朗普再次當選，我很擔心他會不會濫用他的權力，讓軍隊來干預政治。美國國防部部長說，軍方的態度是服從憲法不服從個人；聯合參謀部發表的意見是只服從國會和國會代表的民意，不服從個人。這些話講得很清楚，給了特朗普一個警告。但不要忘了，軍隊裏與特朗普意見一樣的軍官不在少數，這些將軍掌握了很多軍營和營地，一半以上在南部，四分之一在最強悍、最保守的德州。這不是好事情，弄不好美國內部會兵戎相見，新的「南北戰爭」開始。我們祈禱這種「內戰」不要發生，也不要對外用兵造成災害。

特朗普現在下的棋是：用高科技的專利權作為一手棋子來迫使中國屈服，棋局的中心點放在臺灣地區。美國引誘「臺獨」的人說會支持他們，賣武器給他們，而且引誘他們說臺美關係可以「正常化」，美國可以與臺灣重新建立正式的所謂「國際關係」。這樣一來，就是在逼著中國開戰。如果中國對臺灣地區開戰，美國只能應戰，美國軍隊沒有理由不跟著特朗普走。但是如果臺灣地區這麼做，會第一個變成炮火的焦點。作為中國人，尤其我在臺灣地區居住了這麼長的時間，這是我最不願意看見的後果。

　　我們不能忽視「臺獨」的影響力愈來愈大，年輕的孩子一批一批地受其影響。老年人是支持兩岸統一的，但年歲不饒人，老一輩人越來越少了。這批願意繼承中華民族觀念的人走掉之後，剩下的就是年輕的孩子。他們不會因為長大就更加智慧了，這是我們非常擔心的事情。至於兩岸是不是會兵戎相見，我相信在夾縫裏還有餘地，需要各方妥善處理。

　　美國對中國臺灣的態度是：我給你虛空的承諾，但我不給你具體實現。所以在臺灣當局正興高采烈地以為美國可以馬上成全「臺獨」的時候，結果臺灣的「外交部長」突然澆冷水說美國並沒有承諾這件事情。為什麼「外交部長」與自己的「行政院長」及「總統」講的話有矛盾呢？顯然他是被逼到如此地步才說的。到了真正關口的時候，美國會說「我們可不是玩真的，你可不要以為我們會幫你，到時候我們不管」，所以「外交部長」不得不澄清。今天這個關口上的臺海局勢，非常微妙也非常危殆，拿捏不準，很大的麻煩就出現了。對於我這個在臺灣地區居住了這麼長時間的中國人來說，我站在夾縫中，心裏最難過，真的不知道該怎麼辦。

　　朝鮮戰爭的時候，聯合國軍的總部有些人勸蔣介石打大陸，

說「你打大陸，我給你支持，什麼武器都給你」，甚至間接承諾幫助發展核武器。蔣介石問物理學家吳大猷要不要發展原子彈，吳大猷說：「這個核彈要丟到誰頭上？丟到中國以外，對你沒意義；丟到中國人的頭上，你和我能做嗎？即使戰術型的核彈，你和我能做嗎？你和我能把細菌戰打到國內去嗎？」所以蔣介石就沒有再繼續發展核武器。後來有人好幾次想發展核武器，都以同樣的理由被很多人擋住了。美國人後來明白了：萬一臺灣有了核武器，下面的兩岸關係就很難處理了，所以也就不再願意臺灣發展核武器。

中國要切除「臺獨」這個瘤，但瘤長在胳膊上。所以臺灣問題對於今天的中國人來說，尤其對於我個人來說，是切膚之痛、刻骨之痛。我心裏苦啊，很苦很苦。

對大家的感謝和期望

文廚，高山書院創辦人兼校長

　　非常感謝許先生真誠又毫無保留的分享，「十日談」學習期間，同學們都體會到了您的辛苦和不容易，課程帶給我們一種感動，是我們思考的動力和源泉。

　　許倬雲：感謝大家給了我難得的機會，在晚年開了新的門戶，有機會與國內的青年才俊一起討論問題，這是我意料不到的機緣。很高興和這麼多人共同討論這個問題，同聲相應，同氣相求，大家的目的都是希望知識變成好的用途的東西，不是互相比較互相切磋。因為大家願意參與知識建設的偉大事業，人民的智慧可以得到更多的啟發和挑戰，中國會變得更好。這是我對大家的感謝也是對大家的期望，謝謝各位。

　　許先生，我們也非常感激您過去這兩個多月每週四帶我們思考問題，在過去的「十日談」裏，您給我們帶來了溫暖和感動，同學們都希望能有機會說一說他們內心的想法。

簡昉，高山書院 2018 級學員，長尚科技創始人兼 CEO

　　許先生，我給您寫了一句話：「一種理性的激情，一種以真向善的

英雄主義。」

我在您身上感受到理性的激情。如果説從一個歷史大家身上期待得到什麼？我首先想到了智慧和理性。但是踏踏實實學完了您的「十日談」課程之後，除了讓我有滿滿的智慧和理性收穫以外，您帶給我更多的是精神力量的震撼，是熱血。是從 90 歲人的身上感受到對自己的事業，對為生民立命，為國家未來命運擔憂的這種激情。我原來認為社會問題就與醫學一樣：找到問題，解決它。結果我發現不是這樣的，最後需要解決的其實是價值觀上的問題：我們到底怎麼走？

我們尋找到的力量是根植於我們內心的善，所以我寫了「以真向善」，無論是高山書院的同學還是自己的人生，都需要重新審視一下內心深處真正的價值觀是什麼，是否每天都在為之奮鬥。謝謝您。

姚順義，高山書院 2019 級學員，華澤科技董事長

許先生，非常感謝您。我寫的一句話是這樣的：不止有米，希望有茶。許先生您的 88 歲米壽已經過了，希望您健康快樂地活過 108 歲，希望有機會可以給您過茶壽。您是舊文化連接新時代的第一老人，又是新思想連接舊文化的智者，我有生之年能得到大智者您的教誨，非常榮幸。

希望您健康長壽，並且在健康長壽的日子裏有新的思想湧現。

寧毅，北京大學美年公眾健康研究院執行院長

許先生，您好。首先表達對您的敬意。我平時讀歷史很少，通過學習您的「十日談」課程，確實重新煥發了我對歷史和現代文化的熱情。

目前我也在認真學習您寫的書籍，期望可以把您的大智慧領略一點。謝謝您，真心祝福您健康長壽。

李霞，高山書院 2019 級學員，遠播教育董事長

非常感謝許老師給我們開的「十日談」課程。我是做教育的，最近在研究哥倫比亞大學教育學院對中國現代教育的影響和貢獻這個課題，我們發現曾在哥倫比亞大學教育學院學習過的中國留學生，後來要麼成了中國有名的教育家，要麼對中國的教育制度有很深遠的影響，比如陶行知、陳鶴琴、郭秉文、胡適、蔣夢麟等等。

每個時代都有一些偉大的人在做著改變歷史的事，許先生影響和改變了中國人的歷史觀，是這個時代偉大的人。在此祝許先生身體健康，萬事如意，繼續帶領我們學歷史、觀世界。

董榮傑，高山書院 2018 級學員，虎牙科技 CEO

我以前經常在文學作品中感受到大家的風采（比如民國時期），非常期望能有機會親自聆聽大師講座。有幸這次借高山書院的平臺聽到許老師的課程。謝謝許先生！我聽過一句話：越是厲害的人，與他交流會越舒服。我聽許老師的課程，感覺如沐春風，非常希望許先生身體健康，能夠讓更多的人受益。

蔣昌建，高山書院 2018 級學員，復旦大學副教授、著名主持人

許先生您好，我是復旦大學國際關係公共事務學院的老師，首先非

常感謝許先生不辭勞苦給我們講「十日談」課程，課程讓我印象非常深刻：

第一，許先生在中國的文化和歷史方面有很深的造詣，而且可以跟世界史進行比較，來洞察當今的世界與中國的變化，以及面臨的挑戰和我們應該擁有的應戰的姿態。很多的觀點和想法特別有說服力。第二，我們經常哀歎人到中年，一年不如一年，不是哀歎年紀，而是哀歎跟不上時代的變化。許先生 90 歲高齡，但從您的課程中可以了解到，您對科技的發展，對人工智能、互聯網，甚至包括醫療衛生等領域的應用都非常非常地關注。所以在某種程度上您在與時代結合，並且上升到學術性思考的層面，對我們來講有非常大的鼓勵或者是砥礪的作用。

如果在未來，我們能夠像您一樣保持年輕的心，不與時代脫節，讓我們的脈搏與時代共振，同時有歷史關照，又不被歷史關照束縛，可以輕鬆面對未來，我相信對我們來講是非常大的福利。身為老師的我們，如果能做到這樣，對青年學生的成長也會有很大的幫助。

十期的課程，儘管時間不算很長，但字裏行間有非常豐富的營養。作為晚輩，再次表達對您的尊重。也希望您保重身體，將來有機會我們再聆聽您的教導，謝謝！

陳冰，高山書院 2019 級學員，Fountainhead Partners 創始合夥人

許先生您好，我特別珍惜課程最後的時光，特別感恩您最近一段時間與我們的相會，我看到高山書院做的視頻很感慨。您在大洋彼岸用您的智慧穿越千山萬水，與我們在世界各地的老師同學進行連接分享，您一直在用思想與千秋萬代對話，這是我最美好的記憶，謝謝您。

陳潔，高山書院 2020 級學員，君合律師事務所高級合夥人

非常感謝過去兩個月許先生給我們雲上講課。許先生是哲人也是智者，幫我們點化了過去、當下和未來。我特別感動的是許先生在 90 歲高齡，還一直秉承開放的思想態度與時俱進。另外讓我非常動容的，是先生對人類和中華民族命運的悲憫。我記得先生說過，對於任何歷史的決斷，我們都應當懷有原諒之心。

再次感謝許先生。許先生的課程能夠讓我們跳脫出當今世界的一些瘋狂和紛擾，冷靜地回顧歷史也展望歷史。祝許先生健康長壽，謝謝。

文廚，高山書院創始人兼校長

許先生，我也想跟您說句心裏話。剛才同學們說懷念民國的像您這樣的老師和先生，我覺得這種召喚對我更強烈。我在硅谷也生活過四年，還研究過富蘭克林、馬丁・路德・金他們。後來當我回到國內，在「問長江」的路上遇到一個一個的人，我就在想：我可能不會再像以前那樣長期定居在國外，我可能更多地會向內尋找自己的根。

今年疫情我寫了一幅字「把文章書寫在祖國大地上，讓科學播種在自然山水間」，這是我的一點點願望。某種意義上也是您這兩個月的教誨更加堅定了我這樣的心意。點點滴滴之間是您影響了我鼓勵了我，我希望到了您這個年齡，也能夠帶著別人一起思考。真的很感激，祝您健康。

您要保重身體，謝謝。

特朗普時代落幕，
希望全世界不再有
這樣的領袖

2020 年 10 月 15 日，「十日談」系列課程結束。2021 年 1 月 20 日，拜登正式就任新一屆美國總統，許先生在課程中屢屢預言特朗普敗選的判斷成為事實。為此他特地錄製了這篇講話稿，首發於《三聯生活周刊》。這是許先生對美國歷史與當下，對「特朗普時代」的深入總結、反思，也是他對未來世界的期許。

所謂的「特朗普現象」，在美國歷史上空前未有。如此這般的一個特殊類型的領袖，居然能夠造成那麼巨大的影響。他能夠鼓動一般的民眾——他的擁護者闖入國會，造成那麼大的糾紛。他還可以輸了選舉而不承認，這在美國歷史上都是史無前例。我們也希望後面再舉行總統大選的時候，不再有同樣的情形發生。

美式民主與希臘城邦民主不是同一回事

今年總統換屆中的亂象使得美國人大為吃驚：上下各個階層，政治人物也罷，一般公民也罷，無不深感吃驚。美國號稱是民主政治大本營，居然有特朗普這種領袖，出了現任總統不承認敗選這種奇怪的事情，還造成支持者衝擊國會這麼巨大的一個變動。

四年前我寫《許倬雲說美國》這本書的時候，特朗普剛剛當選。當時我已經提出：這位總統的當選會造成不可知的後果。那個後果，我當時總結一句話就是：以民間的、盲目的群眾擁護出一個專制傾向的領袖，而且整個手段是違背一般的民主原則，違背選舉的規則，是違背法律、藐視憲法，無視國家基礎的大的舉動。

　　從西方歷史來講，最早討論各種政治制度的人是柏拉圖。他總結說希臘城邦有至少十五種可能出現的政治形態，最正常的是民主制度。但是，所謂「民主」我們必須要加個定義：它是屬於公民的權利，也就是城邦的締造者、若干大家族或者士族，他們所屬的人員作為民主政治的投票基礎。一個城邦，大概不過是萬把人擁有投票權而已。同樣居住在城邦裏的奴隸（與公民人口相比，奴隸人口數量可能有十倍都不止）、居住在城外面的居民，這兩類人都沒有投票權。所以城邦制裏的所謂「民主」，是軍事佔領之後，作戰團體集體管理它所在地區的一種政治制度；也是一個軍事團體用武力佔領了一個城市以後，整頓內部秩序的一種方法手段。這個是當時城邦裏「民主政治」真正的定義，跟我們現代政治的概念是不一樣的。

　　與希臘城邦不同，美國實行的民主制度是全民投票。民主政治有一個漏洞，就是有可能出現寡頭政治——寡頭政治可能是少數富人、軍人或煽動者導致的。特朗普這種類型的人就是煽動者，這種人管理之下的寡頭政治，很容易滑到專制政治。幾個寡頭群雄並立共同執政，其中一個人會突然冒出來幹掉其他人，變成一人為主的獨裁局面。希臘城邦後來演化到羅馬帝國時期的時候，所謂共和國、帝國政治都是這一類的形態，不是真正全民執政，而是特權階級執政。這種歷史上的城邦制度，我們拿它當作理想中的民主政治的一個模式。但是這一個模式裏面沒有顧及被剝奪權力的群體，沒有顧慮到降為奴隸的群體，沒有顧慮到

在城外居住並不屬於政府的體系之內的人民。所以，這種民主其實上是有限制的。

可是，我們一直在設計一個理想的政治模式。柏拉圖的理想形態，是一個哲學家為王，全民投票的政治結構。至於如何操作「全民投票」，在他那沒有說清楚，他盼望本來沒有公民權的人都一樣可以參與投票。那個是後來我們的民主政治理想，真正的最早的一個夢想。歷史上，這種純粹的民主制度並沒有完全實現過。

事實上，歷史上的領袖不一定是哲學家、思想家，他通常是軍人、會煽動的人，或者有號召力的人。他虔誠地號召民眾，群眾也擁護、響應他的號召。所以我們知道這個民主政治理想，與開頭討論的時候就有兩個差距與差異：一個方向是純理想狀態的設計，一個方向是實際狀態的反應。今天特朗普當選美國總統的情形，就是一個煽動者在影響大眾的狀況正在發生。

美國立國的時候，是由英倫三島一群不願意接受統治的人群，或者說不願意接受天主教思想獨裁的人組織建立的。因為世界已經處在啟蒙時期，大家覺得沒有一個教會可以統治我的思想，尤其是尋找真理的思想；也沒有一個階級——比如說封建階級或者封建階層轉化而來的王權——可以剝奪我的權利、我的私產、我的行動的權利等等。所謂的自由和平等，平等是從被剝奪的風險之中脫離出來，自由是從被束縛的思想脫離出來。

美國實際上是隱形的貴族階層統治的國家

在美國的新英格蘭——今天的麻省這一帶，第一個殖民地出現的

時候，參與者們是希望實現理想的政治模型。但在共和國沒成立以前，實際上有很長一段美國還是一個殖民地的時代，他們自己花費力氣用木材做成防護牆，拿它將自己與外面印第安人的世界隔絕。他們生活在圈圈裏面，沒有遭受封建剝削，實際上也沒有教會約束他們的思想。但是平心而論，去往美國的這批人是當時英國的清教徒，清教徒脫離公教會直接要上帝負責。在清教徒的認識裏面，教堂還是有絕大的權威，可以決定什麼是真，什麼是偽；什麼當信，什麼不當信；什麼行為違背《聖經》，什麼行為可以被容許。違背規則的教徒，面臨的懲罰是很嚴酷的，審判組織也是專斷的。長老和教會來決定一切，並沒有法律，只根據《聖經》實踐引申出來的規矩，來保持大家的生活秩序。

從十七世紀英國人登陸，一直到美利堅合眾國成立，這一百多年裏北美大陸逐漸演化成為殖民地。在殖民地裏面有選舉產生的首長，但還有看不見的權勢階層。這種權勢階層以富商為主體，富商、名門、大家族、銀行的開辦者、海上保險的創辦者、土地的擁有者、地方上有聲望的領袖……後來他們其中一些家族延續下來，社會的領導階層被他們壟斷，成為美國隱藏的「婆羅門」家族。這些家族，到今天的美國依然存在。

美利堅合眾國已經成立這麼多年了，這個「婆羅門」的階層，依然在那裏掌握全國的政治和財富。這些家族對自己的財產很有規劃，他們不會分家——分家就分光了。每一個大家族的財產都成立一個大的信託基金，家族中主要的子弟每年每月會分到一定的生活費。所以美國五十幾個大家族所擁有的財團，到今天仍然是美國財富最集中、最具有力量的一個團體。對於美國的國內選舉和國際政策，他們有舉足輕重的影響。他們所捐助支持的學府，像哈佛、耶魯、哥倫比亞、普林斯頓，這幾家是他們擁有的知識產權的生產者。他們的財富以各種投資財團的名

義存在，比如說化學工業、海上貿易，都由若干家大的財團比如摩根士丹利投資之類。這些財團有兩個大的交易方式，一個是華爾街的證券交易，一個自家的商品交易。這兩個大的市場決定商品價格，也操縱貨物的進出和財富的進出。美國實際上是一個隱形的貴族階層統治的國家，只是從外面看不見。美國的政治制度，也不同於柏拉圖所講的寡頭政體——比如說至少它開放選舉，至少不是每個婆羅門家族成員都自然而然地能當政。但是他們可以獨佔知識生產，因為這個是貴族的必要條件；他們可以獨佔金錢，這個是家族實力的源頭；他們還擁有巨大的社會聲望。

我們看看歷任美國總統，像羅斯福、亞當斯、貝茨、布什這些都是出自上述婆羅門大家族的子弟。各行各業裏面最重要的佔據舉足輕重地位的領袖，往往還是在這些家庭的子弟中間產生。所以這個制度之下，才出現特朗普現象。這正如同當年柏拉圖所說：從一個貴族體制下面，出現了一個煽動者參與政治，煽動一般群眾對自己盲目支持。那麼現在這個「一般群眾」是誰呢？

為什麼特朗普能得到普遍的支持？

特朗普是個買賣人，沒有什麼權力的買賣人，沒有什麼社會地位的買賣人。他們家是來自德國的猶太人，到美國後他的祖父開始做投資，他父親和他都是地產商，沒有真正的社會地位，也沒有真正的群眾基礎。但這個人是很有心要出風頭的人。所以三四十年前，如果你到紐約去，能看見有一艘特朗普的大遊艇停靠在岸邊。這種停靠是不合法的，就等於一輛車在公路邊永久停靠一樣。但特朗普願意為此交罰金，讓自

己的船停靠在那邊——船上是 Trump 這幾個大字，他用這樣的方式打廣告。

特朗普最大的一批房產，是承包建築及經營低收入人群的房屋。這種項目是國家補貼貸款，他蓋好了以後，租賃或者賣給低收入人群——本錢不用他管，按照標準建成以後，就看他怎麼賣或出租，在中間有明盤暗盤獲取利潤。然後他才積累了資金，投資了旅館、娛樂場所、高爾夫球場，也投資到選美項目以及球賽。他各個方面都做的是賺錢的事情，還有出風頭的事情。他最出風頭的事是什麼呢？他自己參加做一個脫口秀，他自己對著錄音機或者電視機說話，或者是用他的 Twitter、Facebook 直接跟他的粉絲交流。

擁護特朗普的是一群什麼人呢？是智識上最沒有判斷力的底層人士。這些人只能保證自己最基本的生活，他們沒有機會唸書，他們獲取的消息和判斷是依靠口耳相傳的途徑直接得來——而且是用最粗俗的話來傳達消息，其中夾雜了不少偽造的消息，也夾雜了許多靠不住的數字。這些語言往往具有煽動性，說出來的主張也比較激烈。這種情形等於喝高度白酒，那是最需要刺激的一群人，只圖一時愉快。後來我們發現，這裏面極少有非裔、拉丁裔、亞裔。所以擁護特朗普的人，是白人群裏面窮苦無告的一批人，他們沒有接受教育，也沒有未來，連吃飯都成問題。這些人心裏煩悶，充滿了憤怒，就覺得聽著刺激的、麻辣燙一樣的話最爽快。我們最初以為，支持特朗普的群眾僅僅只是這些。等到他上任以後直到這個月初（2021 年 1 月）支持特朗普的人闖入國會，他在外面吆喝、提醒、指揮他們的時候，我們才發現他的群眾基礎遠超窮人和底層。

美國的工業生產在二十世紀八十年代發展到巔峰以後逐漸衰落。此前的美國是工業國家，最大的社會底層是勞動工人跟農村的工人。他們

當時沒有所謂基本的薪酬標準，都要靠罷工來爭取合理的工資，所以每次調整工資都很辛苦。經過種種努力，那個時候的工資調得很高，以致美國的生產成本居高不下，人工工資遠高於中國勞工、日本勞工。美國國內有些州，比如阿拉巴馬州的工會力量就比賓夕法尼亞州要差很遠，所以賓州的鋼鐵業付不起高價僱傭勞工的時候，就搬到阿拉巴馬去，人工成本能節省三分之一到一半左右。所以，我們以為支持特朗普的群眾是最受苦最受難的這批人，他們沒有受過很好的教育，沒有自己的判斷能力，也沒有準確的消息來源。社會上的政治輿論、印在報紙上的輿論、網絡上討論的輿論都是高階層的輿論，他們看不見，他們聽不見，他們不相信。特朗普是獲取了這批人的支持。還有誰和特朗普一樣贏得了這批人的擁護呢？走街串巷賣藥的，各地區廉價商品的銷售站中用擴音器來推銷產品的，還有大棚裏邊聚會的南方教會信眾。

　　這次大選，我們才突然發現有很多人──小店主、獨立的經營者、下層公務員、軍人裏邊的小軍官，以及一般的軍人、市民、婦女，還有南方的一般的公民，都是特朗普的支持者。這些基層人群，他們平常投票也不太容易，但他們人數眾多，他們處於金字塔下半段，所以特朗普這次得到七千多萬票有合理性。可他認為自己的落選是因為民主黨的選票造假──他知道可以造假，他認為自己敗選那可能也是別人在造假，所以就硬要賴著不算，煽動著「政變」。

　　特朗普為什麼會得到大眾的擁護呢？首先，他是個唯「美」主義者──美國至上，I am always number one。其次，他是個保守主義者──比如說歧視少數族群，男性歧視女性，有事業的人歧視沒事業的人，這類歧視也是他的態度。第三個就是前面說的支持他的族群──參與大棚集會的南方教會信眾，大量中西部農村的農民等等。農村雖然不是工廠，但農民慢慢從個體農戶演變成為大農莊的農場主，

生產方式也變成依靠機械的大田深耕農業，要靠許多的勞工去做工作。農場的僱主本身是從當年的獨立農戶掙扎出來的，所以他的知識程度並不比他僱傭的勞工高多少。這些人也是特朗普的支持者。

為什麼美國國內有兩種對外態度？

當年創立美利堅合眾國的時代，清教徒在英國屬於市民階層。新興的商業社會離開了貴族統治的農業社會，新興的市場——中小的店家出現，代替了同城的大包商、大客戶的分配方式。新興市民是中小企業的產物，用馬克思的話就是——中小型城市中的城市中下層居民成為主體，農村裏邊的中下層也佔了很大比例。他們接受最大的教育是《聖經》，管理、決定他們的思想的是教會，清教徒是新教裏面很純粹的，我們叫原教旨派。原教旨派是基本教義派，他們認為唯有《聖經》是對的，《聖經》以外的神學討論、註釋、解釋，以及教皇、大主教的詮釋都不算。

《聖經》最初原本是猶太人的經典，裏面最要緊的一點是上帝，上帝是天地的創造者，是天地的源頭，我們人類都是上帝所創造。人不能離開神，這是本來的教義。但是摩西以後，這個神變成獨一無二的，信真神者才能得到永生，才能得到未來的幸福，才能回歸天堂；不信神，是在自我放逐。信教者還要經過洗禮，每個禮拜六的安息，禮拜天的崇拜，遵守教會婚喪的禮儀，遵守實踐教義，符合這些標準才是神的選民。尤其最需要的，是對神要確實堅信無所畏懼，不能離開神的護佑。他們認為自己是英國來的白人信眾，是神的選民——這個界限今天在原教旨的教會裏邊不明說出來，但是「堅定信神者才是神的選民」這一

條線，主動地就把非白人排除掉了。因為當年來的信徒是白人，而且教會基本的信眾都是白人。雖然後來黑人可以進教會，黑人也有自己的教會，但黑人變成了大棚教會裏邊的信徒，不一定能夠進入正規的教會。

基督教特殊的排他性，無言地、沉默地認定白人中產以上是信宗教的、是選民，除此以外都是異教徒。但是這批人的後代有些居然淪落成為社會的底層，而且還會繼續淪落下去。這個趨向是資本主義的美國不可改變的趨勢。上個世紀的經濟大恐慌，就是資本主義金錢經濟走到窮途末路，必須要藉助社會救濟跟社會的公平來拯救國家的時候——羅斯福新政讓美國的政治轉了個彎，離開了資本主義商業經濟的路線，進而關注社會福利、社會責任。這種轉變的思想來源，是歐洲思想大革命、理性大革命、科學大革命以及社會大革命。

從羅斯福新政開始到現在，這近百年間美國國內思想走兩個方向。一個方向逐步使美國進入世界，兩次大戰把美國拖進了世界，不再能夠孤立獨善於世界之外。因為兩次世界大戰美國都是最後階段介入，也獲得了最後的勝利。美國從二戰以後稱霸到今天，不僅是世界經濟、軍事霸主，美國的政治制度也被許多國家認可、效仿。經濟方面，美國掌握了世界經濟最大的貨幣權力。世界貨幣本來是以黃金作為準備金（更早是白銀），最後變成以美元作為全世界貨幣的比較標準。這種情況就等於在賭場裏面，美國是莊家，你在賭場上籌碼來去，他無形地收你的錢，收你買賣籌碼的錢，收你投的錢等等。既然美元是在美國發行，美國可以掌握世界上美元的數量——通貨膨脹物價漲，通貨緊縮物價賤，這樣子構成了美國經濟上霸主的局面。美國是世界首富，其國民的生活水準——即使是拿國家救濟金的窮人，其生活標準也比亞洲一般人高，更不用說與非洲人、印度人比較了。

這種過去時代的優越感，使得美國下層人口覺得不平：為什麼今天

我們不能得到同樣的優越地位？其實是因為美國經濟的霸權地位自己慢慢滑落了。但美國主張用所謂全球市場、全球化、WTO這一套方式，建立一個涵蓋全世界的大賭場。前面講到美國的婆羅門家族擁有億萬金錢，在全世界橫行，處處可以撈回本金、撈回收益。這個錢不好撈的時候，還可以利用不發達地區低價的勞工賺取利潤。同樣的東西，中國生產的價格比美國便宜不少。這種情況使得美國的經濟地位滑落、工廠關門——其實不是關門，大多數工廠遷到國外。工廠主要求獲取利潤，他需要低廉的人工工資、低成本的土地及低廉的環境污染成本，還有寬鬆的政府政策支持。中國設立的許多高新園區等於是無償提供土地，政府甚至替工廠鋪好道路、水路、電路，甚至卸貨碼頭、停車場也給他們建好。種種政策使得工廠主、投資者得到極大的利潤。因為這種優厚條件出現於中國、韓國、日本……唯獨不出現於美國四周的中南美國家，他們窮得來不及做這事，而且美國不願意中南美國家在旁邊奪取它的市場。

第一個得利的是日本。日本的車價廉物美，迅速奪取了美國市場。美國資本也迅速在日本聯合投資，形成「你中有我我中有你」的局面。日本出產的電器產品，從電飯鍋到電視機都是價廉物美。後來美國對日本收緊銀根——因為日本等於美國的一個殖民地一樣的，二戰以後美國軍隊沒離開過日本。在日本最興旺的時候，美國用二十年的時間對其施加打壓，在關稅、貸款、專利權的約束等方面加以限制。一方面美國是真正的主人，是巨大財富的擁有者，他們以賺錢為目標；另外一方面為了給國民交代，美國要把自己的敵手摧毀或打壓下去。所以日本的經濟莫名其妙地辛苦了三十年，到現在還提振不起來。美國現在就拿當年打壓日本的手段來打壓中國，但自己也很辛苦。中國畢竟比日本經濟體量大很多，而且中國並不是美國的佔領地。

在美國的救濟之下，歐洲從二戰的廢墟上站起來了。英國是美國的朋友，德國是美國培養起來的對手。在歐洲市場上，北歐、中歐，甚至法國、意大利都清醒過來與美國爭利。所以，美國第一步的措施是從歐洲退出來——我不再免費保衛你，進而要德國、法國支付「保護費」給美國等等。

第二，美國自己提倡發起的全球性組織，在特朗普任內也紛紛被取消或退出。美國跟各個國家簽訂的雙邊協定、互惠條例也一家家取消，甚至與隔壁加拿大的互惠條例也被取消——現在又片面、局部地恢復了。歐洲的英國相當於亞洲日本的位置，英國完全是從廢墟裏被美國救起來的，所以英國跟日本一樣，一方面跟美國很緊，另一方面美國也不容許你完全恢復。所以英國的經濟在歐洲國家裏最疲軟，面臨美國市場與歐洲市場的抉擇，英國不得不選擇退出歐盟靠向美國。

這些全球性的格局，是我們理解為什麼美國本土有兩種對外態度的前提。一個是民主黨的決策，要參與世界性的共同市場，要繼續維持全球貿易，要保持各國友好的來往，擴大市場共同得利；一個是共和黨的立場，要「關門」——我的特權不能放棄。特朗普主張「關門」，對於那些失去基本存在價值、存在意義的中下層——小店店主、公務員、教員、小工廠主、小事務所老闆……這一大批人都嚮往當年的盛況。特朗普講出我們為什麼不能「美國第一」的口號，正是他們的心聲。所以這一批人就和基督教的原教旨主義者相重疊，南部的、內陸的原教旨主義者被特朗普一網打盡，所以他獲得的選票佔了全國投票人數的一半左右，就變成我們可以理解的情況了。

現實的美國，如何平等？怎樣自由？

在最近的新聞報道中，我們看見許多這種討論。比如說有一個很現代的中年女性，她非常相信現在的一切，包括戰後開始的女性平權運動，爭取拉丁裔的平等地位，雙重國籍者平等入境機會等等。但另外一方面，她的夫家就是原教旨主義者。她發現自己和夫家的立場完全違背，她就回娘家去了。另外一個人是男性，他太太跟他本來政治立場很一致，現在太太跟娘家人的立場一樣，和自己不同了。這些家庭會因為政治立場的不同，造成這樣的分裂，這也是美國「平等」「自由」導致的後果。如何平等？怎樣自由？一直沒解決。

大家以為美國公民都是平等的，其實不是。黑人不平等，早期的黑人沒有選舉權；女人不平等，女人最初沒有平等權，女人的平等權要建國百年後才實現。但真正地見到女人參與政治，公開到外面去活動，還是最近這些年發生的事情。我六十年前來美國的時候，女人開車都被認為是很奇怪的事情。女人上教堂要戴個帽子，教會裏面說，婦女不戴帽子不能見上帝；女人只能做輔助性的教會職務，不能做牧師。女人甚至不能參與招標。你可以想想當時的這個局面。

雖然民權運動為黑人爭取到了平等權，但是民權運動也有矯枉過正的地方。比如說補償黑人，政府政策使得他們享有若干特權，他們的孩子可以低分數被大學錄取。這個政策惹惱了白人——平等錄取我不反對，低分錄取不是在以另外一個不平等矯正這個不平等嗎？所以怎樣才是平等？這個到今天也沒有擺平。為什麼擁有公民權的西語移民美國人不能欺負，卻對西語國家的「外勞」欺負得一塌糊塗？這種不平等的社會現實都是沒有辦法解釋的。大約在一百五十年前，華人入籍美國是受限制的。在別的國家每年幾萬人進來的時候，華人要求平權，但是如何

入籍？一直到 1942 年抗戰勝利以前美國要組建聯盟對抗日本，取消了不平等條約，才把華人入籍的限制取消。這些情形都記憶猶新。少數族裔都特別注意爭取自己應有的權利，但就和白人裏邊的老人、失業者起了直接的衝突。有利益上的衝突，也有看不見的衝突。如此種種現狀，如何做到平等？美國一直沒有處理妥當，才使得特朗普這種煽動性的政客，獲得了這群沒有太多判斷能力的人的擁護。

什麼叫自由？自由是我自己做主。你做主可以，但你是社會成員，你不能説我享有獨斷、自由的權利，也要享有社會給我種種的幫助和權利。我要得到好處，我不盡義務——或者我和別人一樣享有好處，但是別人盡了義務而我不必盡，這就不對了。比如説同性戀，我認為這是個人的事情，或許每個人都認為這是個人的事情。但《聖經》上認為這是不應當做的事，十誡裏面雖然沒寫這一條，但是《聖經》裏面很多地方講到同性戀是不被允許的。實際上在天主教會裏面我們看得見，神父欺負男童的事情一直到今天沒有斷掉。可在社會上，大家對同性戀實際上還是斜眼視之。如果同性戀在法律上要爭取同樣平權，政府認可同性婚姻，就造成另外一種分裂。這一類事情就是自由，究竟是什麼樣的自由？比如一個人有選擇信仰的自由，為什麼不能説別人有選擇不信仰的自由呢？為什麼你進了教會、你受了教會約束，你家就可以跟別人家裏不一樣呢？

這些都使美國保持自由平等的主要柱石——國家建立的柱石、法律所在的柱石——受到了搖動。所以在 2021 年 1 月 6 日美國國會山發生大衝突的時候，我看見警察跟暴動者在辯論。警察指天畫地説：你的意見我尊重，但意見不能夠和法律衝突——法律是指「神的法律」（In god）。他沒講法律是國家的法律，他沒講國家是人民共同決定的法律。你可以看得見，在這個情景上，是以信仰來作為標準的。實際上從信仰

自由來說，應當允許其他信仰共同存在。但基督教的信仰變成了美國立國的根基，連總統宣誓就職也要手捧《聖經》——一下子把其他的信仰像佛教、道教、伊斯蘭教等都排在外面。

所以，這些事情如何「自由」？包括宗教自由、信仰自由，在美國實際上已經產生了偏差。實際上對於以白人擁有的基督教信仰作為立國之本這件事，許多自由主義者就不能接受，國家內部就產生分裂。美國國家的財富也早已分裂，最上層 10% 的人口擁有全國財富的 75%—80%。你看這種分配比例，最下層的人分配不到什麼財富，就要靠國家的救濟，要以法律的名義給他們餬口的救濟金、社會福利金。不夠的時候還要靠社會上捐贈的食物銀行，以及每個菜場七八點以後，當天賣不完的放在後門，讓他們在黑暗蒙蒙之下去拿的那些罐頭、麵包、糖罐子。我看見美國的工業正在一片一片垮掉，本來非常有自尊心、很驕傲、憑能力吃飯的工人，他們把帽子壓得低低，穿著黑衣服偷偷走到菜場後面，拿上東西快速地逃著上車，擔心被熟人看見丟臉。

美國社會經濟上的差異，將國家切成一段段的不同階層——社會理念上的差異，信仰、社會地位、政治主張上的差異，將人切成一塊塊的。城市與農村、城區與郊外、好的學校與一般的學校……理工醫出身的藐視文法商出身的，商學、法律專業藐視英語文學專業，大學畢業生藐視中學畢業生……美國本來是合眾國，居然出現種種如此的對立和撕裂。所以我很傷心地說，在我寫的《許倬雲說美國》裏面，美國是「離眾國」——眾人分離了。這個是叫人很傷心的。

不要放棄人的尊嚴，不要放棄人的權利

美國本來是一塊很好的土地，有這麼一群具有理想的人想要實現自由平等的理想，過心情舒暢的生活，不受封建壓迫，不受權力壓迫，不受思想管制。結果淪落到今天，變成瀕臨滑入無理性、無理智的專制社會的境地。一國總統以煽動性的語言、挑撥的語言、誇張的語言，撕裂國家和人民。如此種種作為，實際上都是為了保住自己的權力。如果有一天特朗普再次當政，或第二次別人當政後也如特朗普這般，三次以後我就不會詫異美國出個軍事獨裁者或皇帝。希特勒就這麼上臺的，他的口號本來是國家社會主義——國家掌握財富，國家的精英掌握財富和權力；排除我們不需要的人口猶太人，建立一個純粹的日耳曼國家，純正血統的、值得擁有民主自由的國家。希特勒的責權就是控制這條路徑。但實際上，這個後果是德國淪入獨裁專制，無理性地把國家拉入毀滅性的戰爭。這種前車之鑒，我們不能不想。

日本同樣如此。明治維新的時候有兩種人，一種人是學習西方的自由主義者、理性主義者，以及科學主義者。他們希望將思想自由、理性自由帶到日本，建立現代國家。但日本本土的軍閥假借王權，用武力排除這些人，殺掉了日本最優秀的一批知識分子，挑起了毀滅國家的戰爭。如果美國走這條路，也一樣可能發生德國和日本曾經發生的悲劇。

2020 年 7 月 10 日是許先生九十大壽，我們與理想國團隊給先生籌備的生日禮物《許倬雲說美國》當天上市，先生給《十三邀》觀眾的回信視頻及李銀河、葛兆光、許紀霖等老師的相關採訪及其他報道也同步推出。幾天後先生來信，說對於當下混亂的美國政治、社會，對全球暴發的疫情，對這個時代科學技術與人的關係，對人心中普遍存在的恐慌他有話要講。中世紀意大利作家薄伽丘以大瘟疫為背景創作了作品《十日談》，先生說就借用這個名字作為題目吧，我們做一個系列的十次談話。這是我和陳航老師策劃這次課程的緣起。

蒙高山書院文廚校長和秘書長周昌華兄盛情，主持承辦了這次課程。7 月 14 日我們確定整體框架，7 月 30 日預熱的「第 0 期」就上線了，一直到 10 月 15 日結束。沒有昌華兄帶領的團隊高效而專業的幕後工作，這個課程不可能推進得如此順暢。在此後的合作中，他們也是不

斷地迅速迭代、完善種種細節——當時我在雲南騰衝承啟園閉關，每天只有晚上十一二點睡前能夠看一眼手機確認相關信息，想必給運營團隊帶來過諸多不便。然而，昌華兄從來沒有流露出任何難色。

高山書院團隊負責本次項目統籌的是周昌華兄，對接具體事務和提問嘉賓邀請的項目總監是 Cici 王茜，負責音視頻製作的是李俊和張慧昌，聯絡公共關係的是李嘉，新媒體相關工作的負責人是朱珍，現場導播是張亮和 Wenjo，負責品牌和設計的是吳興晨，負責課堂互動和運營的是雷姝雅、鄭海悅和賈辰睿。此外，李奕欣、王信然也參與了課程的籌備。許先生這邊負責統籌的是我和陳航老師，王瑜則非常盡責地協助先生完成了音頻課程錄製的相關工作。「許倬雲說歷史」公眾號相關新媒體傳播，由助理朱泳星負責發佈。感謝所有人的付出，這個課程才得以順利完成，進而發展成為眼前這本書。記憶猶新的是最後一期，昌華兄他們說這次只請了一位嘉賓提問，多留出一點時間讓高山書院的同學們和許先生說說心裏話，場面溫暖令人難忘。

過去十年，為了讓許先生安心著述，避免過多外在的打擾，我們拒絕了大多數媒體的採訪邀約。我也私心以為，年過八十，先生的願望已經只是著述。為許先生服務的十年間，我和陳航老師協助他出版了八本新書，包括《說中國》《中國文化的精神》《許倬雲說美國》這些重要作品。《十三邀》則是唯一一次接受視頻訪問，未曾想到會在國內引起如此廣泛的共鳴與回響。其實，先生一直都在關注當今時代和身邊的變化，思考中國文化與人類的未來。有合適的平臺和契機，身體狀況允許的時候，先生是很願意講講的。當然，這也得益於 zoom 這種新技術平臺的出現，讓我們的交流、記錄變得更為簡單。

這次課程的基礎稿件由高山書院團隊的朱珍、張明和邱施運負責整理，我則承擔了進一步梳理結構、整理成書的工作。實習生黃雨晴，對

整理書稿亦有貢獻。因為許先生是以口語講述這次課程，在系統梳理文本，將其轉化成為書面語的時候，根據先生的語言風格和國內書面表達的規範進行了適度的增刪和潤色。「十日談」課程中，許先生對時任總統特朗普多有批評，並比較肯定地預言了特朗普的敗選。2021 年 1 月 20 日，拜登宣誓就職。許先生長達一小時的發言稿《特朗普時代落幕，希望全世界不再有這樣的領袖》，經《三聯生活周刊》副總編李菁老師安排於次日首發。所以，這篇文章成為本書的附錄，亦為許先生對過去四年「特朗普時代」的總結。

特約編輯陳新華女士及周芊語審定了最終文稿，謝謝你們的幫助，有些問題得以及時糾正。書中若有任何疏漏之處，責任在我，亦請讀者海涵並指出錯誤，我的郵箱是 whufjw@126.com。還需要感謝廣東人民出版社的高高和段潔兩位老師的慧眼識珠、蕭風華社長的大力支持，這本書的簡體中文版才得以順利出版。2023 年，時任香港三聯書店總編輯周建華先生約稿，才有了本書的繁體中文版面世。

在馬希哲先生的幫助下，很榮幸邀請到白謙慎先生為本書簡體中文版題寫書名，他的書法也用在了繁體中文版扉頁。白先生討論書法理論及其現代性的著作《與古為徒和娟娟髮屋》以及《傅山的世界》，對我的影響從多年前一直持續到今天，不斷在生命中激起回響。

最後，需要特別致謝的是多年好友保豔女士的引介。因為有你，才有了後面種種美好的故事發生。

2024 年夏至

馮俊文於匹茲堡